毛泽东

的文艺世界

宋贵伦 著

人民东方出版传媒
People's Oriental Publishing & Media
东方出版社
The Oriental Press

图书在版编目（CIP）数据

毛泽东的文艺世界 / 宋贵伦著 . -- 北京 : 东方出版社 , 2025. 5.

ISBN 978-7-5207-4439-3

I. A841.691

中国国家版本馆 CIP 数据核字第 2025Z4D968 号

毛泽东的文艺世界

MAO ZEDONG DE WENYI SHIJIE

作　　者：宋贵伦

责任编辑：申　浩

出　　版：东方出版社

发　　行：人民东方出版传媒有限公司

地　　址：北京市东城区朝阳门内大街 166 号

邮　　编：100010

印　　刷：鸿博昊天科技有限公司

版　　次：2025 年 5 月第 1 版

印　　次：2025 年 5 月第 1 次印刷

开　　本：660 毫米 ×960 毫米　1/16

印　　张：17.25

字　　数：178 千字

书　　号：ISBN 978-7-5207-4439-3

定　　价：59.80 元

发行电话：（010）85924663　85924644　85924641

新版前言

本书在 1993 年人民文学出版社原版基础上重新修订。

为增强可读性，本版作了结构性调整，书名由《毛泽东与中国文艺》改为《毛泽东的文艺世界》，相应的内容做了结构性调整组合，由原来的上、中、下三篇（毛泽东与中国文艺、毛泽东著作与毛泽东文艺思想、毛泽东与毛泽东文艺思想），调整为四部分（毛泽东的文艺"朋友圈"、毛泽东的文艺"大家范儿"、毛泽东的文艺"思想脉"、毛泽东的文艺"世界观"）。最后一部分"附篇"，也改为与前四部分并列，全书由五部分组成。

为聚焦主题，本版精减了文字，重点删减了几篇内容重复较多的文稿和两篇关于改革开放后文艺理论发展的长稿。总篇幅精简三万多字。

为拓宽视域，本版重点对一篇文稿作了较大补充调整，将原稿"毛泽东文艺思想发展的三个高峰"，调整补充为"新版自序 马克思主义中国化时代化文艺理论百年发展的历史成就"，重点增加了有关新时代习近平文化思想创新发展一节。全篇以马克思主义中国化文艺理论发展的"四个高峰"为主线，全面展现了毛泽东文艺思想百年传承与发展。这不仅弥补了正文所删改革开放后两篇长稿的一些缺憾，更重要的是，在正文聚焦"毛泽东的文艺世界"主题的同时，又通过序言打开视野，展现了百年毛泽东文艺思想传承与马克思主义中国化文艺理论发展的伟大历程，从而进一步增强文化自信、激发文化强国决心。这也是今天纪念毛泽东的意义所在。

宋贵伦

2023 年 6 月

原序
对毛泽东文艺思想的系统研究

宋贵伦同志的书《毛泽东与中国文艺》已经脱稿，嘱我写几句话。我乐于应命，因为我知道他为写这本书，是作了很多准备的。

从远的说，贵伦同志上大学读的是中国文学系，毕业后在中央文献研究室工作多年。这个背景为他研究毛泽东文艺思想准备了很好的条件。一九八六年我和他合作，写过一篇《"红学"一家言》，是介绍和研究毛泽东关于《红楼梦》的论述的。因为提供了较为完备和准确的资料，而且有一些自己的见解，在红学界和关心这个主题的读者中，引起了一些注意。

从近的说，一九九二年为纪念毛泽东《在延安文艺座谈会上的讲话》五十周年，人民文学出版社准备将《毛泽东论文艺》增订重印，要我帮助他们做这项增订工作。为此我同贵伦同志又一次合作。说是合作，我不过给他出些主意，提些线索，最后帮他确定篇目，审读注文。工作主要是他做的。资料的搜集，篇目的初选，注文的起草，都是他出的力。而这个过程，也就成了贵伦同志写作《毛泽东与中国文艺》的直接准备。

《毛泽东论文艺》增订本，篇目有很大扩充，新收了不少过去被忽略了的文献。这些文献是从哪里搜集来的？它们产生的背景是怎样的？它们的意义和价值在哪里？这些，贵伦同志想有所介绍和评论，就都写在他自己的这本书中了。

搜集到的毛泽东论文艺的文献，有相当一部分不能收进《毛泽东论文艺》中。这主要是因为这些文献是毛泽东讲话、谈话的记录，或者是当时的记录，比较完整和不大完整的记录，或者是后来的回忆，比较准确和不大准确的回忆。它们都未经毛泽东审定，不便作为毛泽东正式论著选入。但是，它们对于了解和研究毛泽东文艺思想无疑有重要意义。对这些文献，贵伦同志想有所介绍和评论，也都写在他自己的这本书中了。

还有一些毛泽东论文艺的文献，虽然是亲笔批语、亲笔修改，也没有收入《毛泽东论文艺》。因为这些文献中的思想，经实践证明是错误的或者是基本上错误的，《毛泽东论文艺》作为反映毛泽东文艺思想的科学内容的读物，自然只选其内容被实践证明为正确的文献。然而，要全面考察党领导文艺工作的成功和失败的经验和教训，对错误和失败这一侧面也应该有所了解，对于这些，贵伦同志也在自己的书中有所介绍和评论。这样，在贵伦同志的这本书中向读者介绍的毛泽东论文艺的文献，比读者从《毛泽东论文艺》读到的文献，面要宽得多。在广泛地、多方面地搜集资料的基础上，这本书对毛泽东文艺思想的历史发展作了一番系统的整理，并且作了若干新的论断和概括。

比如，把一九三六年十一月毛泽东在中国文艺协会成立大会上的讲演作为毛泽东文艺思想的开端，这个论断就是新的、有见地的。把一九四九年七月毛泽东作了大量修改并经他审定的中共中央给中华全国文学艺术工作者代表大会的贺电，作为全国革命胜利后毛泽东文艺思想进一步发展的开端，这个论断也是如此。这两篇文献都是过去被忽略了的，而其中又都有重要提法。特别是后一篇文献中明确指出："在革命胜利以后，我们的任务主要地就是发展生产和发展文化教育。"文艺运动要"配合人民的其他文化工作和人民的教育工作"、"配合人民的经济建设工作"。这"主要任务"和"两个配合"的提法，本来应该成为全国革命胜利后党的文艺路线的新起点，可惜的是后来的发展经历了很大的曲折。党的十一届三中全会以后，我们在新的历史高度上回到了这个提法。又如，关于毛泽东文艺思想发展的"三个高峰"的概括，关于新时期党的文艺路线的中心和基本点的概括，我以为，也是有启发的。

关于"三个高峰"，第一个是以《在延安文艺座谈会上的讲话》为代表的高峰，第二个是以"百花齐放、百家争鸣"的提出和《同音乐工作者的谈话》为代表的高峰，第三个是以邓小平《在中国文学艺术工作者第四次代表大会上的祝辞》为代表的高峰。第二个高峰，虽然没有能够得到充分发展，但是对那时提出的重要的政策思想和理论观点，应该给予足够的评价，而且应该看到它们为第三个高峰的形成作了一定的历史准备。

关于新时期党的文艺路线的中心和基本点，这要从新时期党的基本路线的中心和基本点去探讨和研究。党的基本路线是一个中心——以经济建设为中心，两个基本点——改革开放和四项基本原则，反映到文艺路线上，一个中心就是"重在建设"，两个基本点就是"二为"和"双百"。"重在建设"包含两个层次的含义，一个是文艺工作服从和服务于经济建设这个中心，另一个是文艺工作本身以建设为中心、以繁荣文艺为中心。"百花齐放、百家争鸣"，在新时期不仅要体现在文艺创作、文艺评论、文艺理论研究上，而且要体现在文艺的对外开放和文艺体制的改革上。这样的概括，如果离开历史和现实，作空疏的讨论，是没有什么意思的。贵伦同志的这本书，联系丰富的历史资料和现实情况来作这样的概括，就可以对统摄资料起到提纲挈领的作用。

是为序。

龚育之

一九九三年八月八日，于万寿塔下

（注：这是龚育之同志当年为本书原版所作的序。标题为编者所加）

新版自序
马克思主义中国化时代化文艺理论百年发展的历史成就

在马克思主义中国化时代化文艺理论百年发展历程中，形成了毛泽东文艺思想、中国特色社会主义文艺理论体系、习近平文化思想三大重要理论成果，其中有四个具体成果是带有标志性的，一是新民主主义革命时期毛泽东的《在延安文艺座谈会上的讲话》，二是社会主义革命和建设时期毛泽东和党中央提出的"双百"方针，三是改革开放新时期邓小平的《在中国文学艺术工作者第四次代表大会上的祝辞》，四是中国特色社会主义新时代习近平总书记的《在文艺工作座谈会上的讲话》。三大重要理论成果及四个标志性成果，既一脉相承又与时俱进，不断历史性地回答"时代之问"，推动马克思主义中国化时代化文艺理论创新发展，促进中国文艺繁荣发展。在纪念毛泽东诞辰130周年之际、以中国式现代化全面推进中华民族伟大复兴新征程上，系统研究马克思主义中国化时代化文艺理论百年发展历程及基本经验，具有重大的历史意义和现实意义。

一、毛泽东文艺思想的创立与马克思主义中国化时代化文艺理论的形成：鲜明地回答了"文艺为谁服务、怎样服务"的根本性问题

马克思主义中国化时代化文艺理论体系的形成，以毛泽东文艺思想的创立为主要标志，经过了新民主主义革命、社会主义革命和建设两个历史阶段，有两大理论创新：一是确立文艺为人民大众服务的思想，二是提出坚持"百花齐放、百家争鸣"的方针。

（一）毛泽东文艺思想的产生与马克思主义中国化时代化文艺理论的开端：对中国革命文艺发展方向作出初步回答。

"五四"新文化运动，是马克思主义思想在中国传播的开端，是马克思主义中国化时代化理论形成的开端，是马克思主义理论与中国革命文艺运动相结合的开端。"五四"以后，左翼文艺运动的兴起，是马克思主义与中国新文艺运动结合的重大步骤；而革命根据地的文艺运动的兴起，则是革命文艺与革命群众紧密结合、与革命战争紧密结合的先导，是毛泽东文艺思想形成的基础。尤其是鲁迅等的文艺理论与实践、瞿秋白等的文艺理论著作与译著，为马克思主义文艺理论的传播及与中国文艺实践的结合作出了突出贡献。

在 20 世纪 20 年代末 30 年代初，毛泽东已写出了许多科学的理论著作，毛泽东思想作为马克思主义中国化时代化理论已经开始形成。其代表作是 1925 年的《中国社会各阶级的分析》、1927 年的《湖南农民运动考察报告》、1928 年的《中国的红色政权为什么能够存

在？》和《井冈山的斗争》、1929 年的《关于纠正党内的错误思想》、1930 年的《星星之火，可以燎原》和《反对本本主义》等。这些都是政治著作、哲学著作、军事著作。尽管毛泽东非常熟悉中国传统文艺，尽管他已经创作了许多既充满革命激情又颇具艺术魅力的旧体诗词，尽管他已经开始关注革命文艺运动，并在上述著作中提出了许多文艺观点，但那时他还没有关于文艺问题的专门著述。作为科学体系的毛泽东文艺思想，较之哲学思想、政治思想、军事思想形成相对要晚些。这与当时革命斗争形势和毛泽东关注的重点有关。哲学思想是理论的基础，政治斗争、武装斗争是压倒一切的实践任务。在这种情况下，尤其是在长征结束前，毛泽东还不大可能拿出很多精力和时间写出文艺专门著述，但之前发表的其他著述和后来的事实证明，他对中国文艺早已有很深的理论思考，只是没有发表专门著述而已。

到达延安后的 1936 年 11 月，毛泽东发表第一篇文艺著述《在中国文艺协会成立大会上的讲演》，提出"发扬苏维埃的工农大众文艺，发扬民族革命战争的抗日文艺"[①]，对中国革命文艺发展的方向作出了初步回答，以此为标志，毛泽东文艺思想开始形成。围绕创办鲁迅艺术学院，党和毛泽东进行了一系列的文艺思想建设。1938 年 4 月 10 日在"鲁艺"成立大会上，毛泽东提出要组织"山顶上的人"和"亭子间的人"，组成文艺界的抗日民族统一战线。不但组织是抗日民族统一战线的组织，作风也是抗日民族统一战线的作风。明确指出："统

---

① 中共中央文献研究室编：《毛泽东文艺论集》，中央文献出版社 2002 年版，第 4 页。

一战线同时是艺术的指导方向。"① 同月 28 日,在"鲁艺"所作的《怎样做艺术家》的演讲中,毛泽东提出:"要造就有远大的理想、丰富的生活经验、良好的艺术技巧的文艺工作者。"② 1939 年在"鲁艺"成立一周年时,毛泽东题了词:"抗日的现实主义,革命的浪漫主义。"③ 在纪念大会上,李维汉宣布了党中央为"鲁艺"制订的教学方针:"以马列主义的理论与立场,在中国新文艺运动的历史基础上,建设中华民族新时代的文艺理论与实际,训练适合今天抗战需要的大批艺术干部,团结与培养新时代的艺术人才,使鲁艺成为实现中共文艺政策的堡垒与核心。"④ 这表明,发展马列主义文艺理论,将马克思主义与中国新文艺运动相结合的问题,已经被提上了党中央工作的议事日程,毛泽东文艺思想的许多基本观点正在形成。到 1940 年,毛泽东发表《新民主主义论》,全面总结"五四"新文化运动以来的文化运动史,详细阐明新民主主义文化的理论和纲领,指出新民主主义的文化就是无产阶级领导的人民大众的反帝反封建的文化,就是民族的科学的大众的文化。《新民主主义论》虽然不是文艺问题专论,但毛泽东所论述的新民主主义文化,是以新民主主义的文艺为主要内容的,新民主主义文艺理论是包含在新民主主义文化理论之中的。

(二)毛泽东文艺思想成熟的代表作与马克思主义中国化时代化文艺理论的发展:明确回答"文艺为什么人服务与怎样服务的问题"。

① 中共中央文献研究室编:《毛泽东文艺论集》,中央文献出版社 2002 年版,第 13 页。
② 中共中央文献研究室编:《毛泽东文艺论集》,中央文献出版社 2002 年版,第 17 页。
③ 中共中央文献研究室编:《毛泽东文艺论集》,中央文献出版社 2002 年版,第 24 页。
④ 《李维汉选集》,人民出版社 1987 年版,第 111 页。

　　1942 年开始的延安整风运动的主要目的，是解放全党首先是领导干部的思想，克服土地革命战争时期，尤其是王明路线占统治地位时盛行的把马克思主义教条化、把苏联经验和国际决议神圣化的思想影响。作为延安整风运动重要组成部分的文艺界整风，以延安文艺座谈会为开端。毛泽东《在延安文艺座谈会上的讲话》，是毛泽东文艺思想发展达到成熟的代表作，是马克思主义中国化时代化文艺理论形成的一个重要标志性成果。

　　《讲话》的主要成就在于，明确回答了文艺为什么人服务和怎样服务的重大问题。毛泽东在《讲话》"结论"部分开宗明义，鲜明地指出："那末，什么是我们的问题的中心呢？我以为，我们的问题基本上是一个为群众的问题和如何为群众的问题。""我的结论，就以这两个问题为中心，同时也讲到一些与此有关的其他问题。"①

　　他回答的第一个问题就是"我们的文艺是为什么人？"的问题。他指出："为什么人的问题，是一个根本的问题，原则的问题。""这个根本问题不解决，其他许多问题也就不易解决。"②他要求广大文艺工作者首先要解决立场问题，即站在无产阶级的和人民大众的立场，对于共产党员来说，也就是要站在党的立场，站在党性和党的政策的立场，为人民大众服务，首先是为工农兵服务，为工农兵而创作，为工农兵所利用，使文艺成为团结人民、教育人民、打击敌人、消灭敌人的有力武器。这里，他不仅重申了列宁关于文艺应当"为千千万万劳

①　中共中央文献研究室编：《毛泽东文艺论集》，中央文献出版社 2002 年版，第 55、56 页。
②　中共中央文献研究室编：《毛泽东文艺论集》，中央文献出版社 2002 年版，第 60 页。

动人民服务"的观点，而且密切结合中国具体实际，界定了中国人民大众的范畴，明确指出，中国人民大众，是指"占全人口百万之九十以上的人民，是工人、农民、兵士和城市小资产阶级"，"这四种人，就是中华民族的最大部分，就是最广大的人民大众"。[①]

在《讲话》中，毛泽东详细地阐述了如何为人民大众特别是为工农兵服务的问题。他强调，文艺工作者要深入到广大工农兵群众中去，并在长期的共同生活中，改造自己的思想感情，使之与工农兵大众的思想感情打成一片，同时要努力学习马克思主义，学习社会，研究社会上的各个阶级，研究他们的相互关系、面貌和心理，以使文艺有丰富的内容和正确的方向。他强调要处理好普及与提高的关系问题。

《讲话》全面总结了"五四"以来我国革命文艺运动的历史经验，阐明和发展了马克思列宁主义的文艺思想，回答了中国革命文艺发展道路上一系列重要的理论和政策问题，特别是革命文艺为人民大众服务和怎样为大众服务的根本性问题。《讲话》的发表和对这个问题的明确提出与系统论述，标志着马克思主义中国化时代化文艺理论发展的第一个重大成果——毛泽东文艺思想体系已经形成。

延安文艺座谈会以后，毛泽东文艺思想得到了进一步丰富和发展。比如，1942 年 5 月 28 日毛泽东在中央高级学习组作报告，专门介绍了文艺界的情况和延安文艺座谈会的情况，提出了许多重要理论

---

① 中共中央文献研究室编：《毛泽东文艺论集》，中央文献出版社 2002 年版，第 58 页。

观点，尤其是关于文艺统一战线的论述非常深刻。他说："我们认为革命性是从最低级的到最高级的，艺术性也是从最低级的到最高级的。"他进一步解释说，在革命问题上，从拥护抗日思想的大地主、大资产阶级，到坚持马列主义立场的无产阶级，我们都团结，或者说从抗日到马列主义我们都提倡；在艺术问题上也是如此，从萌芽状态起，一直到高级的，从墙报娃娃画，到托尔斯泰、高尔基、鲁迅等最精湛的。艺术高的我们要，低的我们也要。① 毛泽东这个报告，可以看作《讲话》精神的丰富和发展。又如，1944 年毛泽东在《文化工作中的统一战线》中主张和发展了文化工作统一战线的思想，也是非常重要的理论观点。

党的七大前后，毛泽东等与文艺家的交往越来越密切，对文艺工作也越来越关心了。1944 年 1 月 9 日，他读过郭沫若的《虎符》以后，"深为感动"，称赞郭沫若"做了许多十分有益的革命的文化工作"，致信向他表示庆贺②；同一天，他又写信给杨绍萱、齐燕铭，谈了对京剧《逼上梁山》的观后感，称"从此旧剧开了新生面"，"你们这个开端将是旧剧革命的划时期的开端"③；同年 4 月 2 日致信周扬，称周扬为《马克思主义与文艺》一书写的编者序言"写得很好。你把文艺理论上几个主要问题作了简明的历史叙述，借以证实我们今天的方针是正确的，这一点很有益处，对我也是上一课"，同时，他谦虚地说，

---

① 中共中央文献研究室编：《毛泽东文艺论集》，中央文献出版社 2002 年版，第 92 页。

② 中共中央文献研究室编：《毛泽东文艺论集》，中央文献出版社 2002 年版，第 277 页。

③ 中共中央文献研究室编：《毛泽东文艺论集》，中央文献出版社 2002 年版，第 278 页。

把他"配在马、恩、列、斯……之林觉得不称,我的话是不能这样配的"[①];4月29日致信李鼎铭,谈了对《永昌演义》一书的读后感,并提出了修改意见[②];5月27日致信胡乔木,认为艾青《秧歌剧的形式》一文"切实、生动,反映了与具体解决了多年来秧歌剧的情况和问题,除报上发表外,可印成小册,可起教本的作用"[③];7月1日凌晨致信丁玲、欧阳山,祝贺丁玲写出了《田保霖》、欧阳山写出了《活在新社会里》这样的好文章[④];11月21日致信郭沫若,称赞《甲申三百年祭》和《反正前后》[⑤];1945年2月22日致信萧三,称赞他的《第一步》写得很好[⑥];还几次与柳亚子诗书往来;1945年11月还为悼念冼星海题了词。这一系列文艺实践活动,反映了毛泽东对文艺工作的关心和支持。

(三)毛泽东文艺思想发展的另一个重要标志性成果与马克思主义中国化时代化文艺理论的丰富发展:提出"百花齐放,百家争鸣"方针。

新中国成立前夕,中华全国文学艺术工作者第一次代表大会在北平召开。1949年7月1日,中共中央发出了经毛泽东大量修改过的贺电。毛泽东在贺电中指出:"在革命胜利以后,我们的任务主要地就是发展生产和发展文化教育。"号召"广泛地发展为人民服务的文艺工

---

① 中共中央文献研究室编:《毛泽东文艺论集》,中央文献出版社2002年版,第280页。
② 中共中央文献研究室编:《毛泽东文艺论集》,中央文献出版社2002年版,第282页。
③ 中共中央文献研究室编:《毛泽东文艺论集》,中央文献出版社2002年版,第284页。
④ 中共中央文献研究室编:《毛泽东文艺论集》,中央文献出版社2002年版,第285页。
⑤ 中共中央文献研究室编:《毛泽东文艺论集》,中央文献出版社2002年版,第287—288页。
⑥ 中共中央文献研究室编:《毛泽东文艺论集》,中央文献出版社2002年版,第292页。

作，使人民的文艺运动大大发展起来，借以配合人民的其他文化工作和人民的教育工作，借以配合人民的经济建设工作"①。这一个"主要任务"、一个"广泛"、两个"配合"非常重要，应该看作全国革命胜利后党的文艺路线的新起点、毛泽东文艺思想在新阶段进一步发展的新开端。

1951年4月3日，中国戏曲研究院在北京成立。毛泽东题写了院名并题了词："百花齐放，推陈出新。"②早在1942年10月延安平剧院成立时，毛泽东就题写了"推陈出新"。这里，在重申"推陈出新"的同时，加上了"百花齐放"，丰富了毛泽东文艺思想的内容，促进了新中国成立初期的戏曲改革。

特别是1956年，毛泽东明确提出"百花齐放，百家争鸣"的方针，这是马克思主义中国化时代化文艺理论和毛泽东文艺思想发展的又一个重要标志性成果，进一步回答了"社会主义文艺怎样繁荣发展"的问题。1956年这一年非常重要，以我国基本完成对生产资料私有制的社会主义改造，并开始探索中国自己的建设社会主义道路而载入党的史册。1956年4月28日，毛泽东在中共中央政治局扩大会议上作了《论十大关系》的报告。报告以苏联经验为鉴戒，初步总结了我国社会主义建设的经验，提出了探索适合我国国情的社会主义建设道路的任务。同月28日，毛泽东在中共中央政治局扩大会议上说："百花齐放，百家争鸣问题。艺术问题上的百花齐放，学术问题上的

---

① 中共中央文献研究室编：《毛泽东文艺论集》，中央文献出版社2002年版，第129—130页。

② 中共中央文献研究室编：《毛泽东文艺论集》，中央文献出版社2002年版，第135页。

百家争鸣，我看这应该成为我们的方针。"① 在同年 9 月召开的党的八大上，"双百"方针被正式写入了党的代表大会会议文件中。1957 年 2 月 7 日，毛泽东在《关于正确处理人民内部矛盾的问题》的讲话和 3 月 12 日《在中国共产党全国宣传工作会议上的讲话》中，进一步系统地论述了"双百"方针。他明确宣布："百花齐放，百家争鸣，这是一个基本性的同时也是长期性的方针，不是一个暂时性的方针。"②

提出"双百"方针，有深刻的社会历史背景。当时，一方面，我国生产资料私有制的社会主义改造取得了决定性胜利，党和国家面临的迫切任务，是要调动一切积极因素建设社会主义，迅速发展我国的经济、科学和文化。但是，另一方面，由于受到苏联在学术批评中粗暴作风的影响，由于我们自己受某些"左"倾思想的影响，存在着教条主义、宗派主义和形式主义的障碍，不利于科学文化发展的各种观念和限制还不少。毛泽东认为，百花齐放、百家争鸣的方针，是促进艺术发展和科学进步的方针，是促进我国的社会主义文化繁荣的方针。艺术上不同的形式和风格可以自由发展，科学上不同的学派可以自由争论。利用行政力量强制推行一种风格、一种学派，禁止另一种风格、另一种学派，会有害于艺术和科学的发展。艺术和科学中的是非问题，应当通过艺术界科学界的自由讨论去解决，通过艺术和科学的实践去解决，而不应当采取简单的方法去解决。

提出"双百"方针，吸取了我国历史上学术文化发展的经验，总

---

① 中共中央文献研究室编：《毛泽东文艺论集》，中央文献出版社 2002 年版，第 143 页。
② 中共中央文献研究室编：《毛泽东文艺论集》，中央文献出版社 2002 年版，第 184 页。

结了我们党领导科学文化的经验和教训，也观察和借鉴了外国党领导科学文化的经验和教训。我们党确定的这个方针，是符合社会主义社会科学文化发展的客观规律的方针，有重大的理论意义和实践意义。"双百"方针，是毛泽东和党中央对马克思主义中国化时代化文艺理论发展的创造性贡献。如果说，1942 年毛泽东发表《在延安文艺座谈会上的讲话》，鲜明地回答了文艺为人民大众服务的问题，标志着马克思主义中国化时代化文艺理论与毛泽东文艺思想已经形成的话，那么，"百花齐放，百家争鸣"方针，则鲜明地回答了在社会主义条件下怎样繁荣和发展文艺的问题，是马克思主义中国化时代化文艺理论与毛泽东文艺思想发展的又一个重要标志性成果、又一个基本观点。

"双百"方针的实施，极大地推动了我国科学文化的繁荣发展。历史充分证明，什么时候正确实施"双百"方针，我国的科学文化事业就顺利发展、成果辉煌，反之就受严重挫折。20 世纪 50 年代末的反右扩大化，特别是六七十年代的"文化大革命"，严重破坏了"双百"方针的贯彻执行。

二、中国特色社会主义文艺理论体系的新成果与马克思主义中国化时代化文艺理论发展的新阶段：系统回答了"中国特色社会主义文艺如何繁荣发展"的重大问题

1978 年真理标准讨论和党的十一届三中全会之后，以邓小平同志为代表的中国共产党人，坚持解放思想、实事求是的思想路线，正确总结了几十年来特别是新中国成立以来党指导文艺的经验和教训，坚持以经济建设为中心、四项基本原则、改革开放，继承了毛泽东文艺思想的科学内容，纠正了毛泽东晚年在文艺指导方针方面的错误，而且在许多方面又有了新的发展和新的开拓。以邓小平1979年发表《在中国文学艺术工作者第四次代表大会上的祝辞》（以下简称《祝辞》）为主要标志，中国特色社会主义文艺理论体系形成，马克思主义中国化时代化文艺理论发展进入新的历史阶段。以江泽民、胡锦涛为代表的中国共产党人在深化改革、全面开放的伟大实践中，进一步丰富和发展了中国特色社会主义文艺理论体系，进一步推动了马克思主义中国化时代化文艺理论的新发展。

中国特色社会主义文艺理论体系进一步系统回答了"中国特色社会主义文艺怎样繁荣发展"的重大问题，主要体现在以下几个方面：

（一）确立指导思想。

随着全党工作重点的转移，提出了以经济建设为中心来繁荣文艺和"精神文明重在建设"的指导思想，强调全党全国人民要坚定不移地以经济建设为中心，文艺要服务和服从于经济建设这个中心，不能偏离这个中心，不能搞多中心；纠正了"文化大革命"以阶级斗争为纲、大批判运动开路和"破"字当头的"左"的指导思想。邓小平在《祝辞》中明确指出："同心同德地实现四个现代化，是今后一个相当长的时期内全国人民压倒一切的中心任务，是决定祖国命运的千秋大业。""对实现四个现代化是有利还是有害，应当成为衡量一切工作的最根本的是非标准。文艺工作者，要同教育工作者、理论工作者、新闻工作者、政治工作者以及其他有关同志相互合作，在意识形态领域中，同各种妨害四个现代化的思想习惯进行长期的、有效的斗争。"①
1986 年党的十二届六中全会《关于社会主义精神文明建设指导方针的
决议》首次正式提出"精神文明重在建设"的思想。该决议指出："加
强精神文明建设，就要牢记历史教训，正确处理社会主义社会的各种
矛盾，坚持对思想性质的问题采取讨论的方法、说理的方法、批评和
自我批评的方法，就是说，用教育和疏导的方法去解决；坚持一切着
眼于建设，把注意力集中到团结人民、充分发挥人民的社会主义积极
性和创造精神上来，集中到满足人民的文化和精神需要上来，归根到
底，集中到促进社会生产力的发展上来。"②这个"着眼于建设""重在
建设"的方针，是对文艺工作最重要的拨乱反正，是中国特色社会主
义文艺体系的重要观点，是对马克思主义中国化时代化理论发展的重
要贡献。

（二）明确"二为"方向。

邓小平在《祝辞》中重申了要继续坚持毛泽东提出的文艺为最广
大的人民群众服务的方向。1980 年 7 月 26 日《人民日报》以《文艺
为人民服务、为社会主义服务》为题发表了社论，宣布：我们的文艺
工作总的口号应当是文艺为人民服务、为社会主义服务。"二为"方
向，继承了毛泽东提出的文艺为人民大众服务的思想，用"为人民服
务"涵盖了"为工农兵服务"，使服务对象更加广泛；用"为社会主
义服务"取代了"文艺为政治服务"，更全面、更科学地概括了文艺

① 《邓小平文选》第二卷，人民出版社 1994 年版，第 209 页。
② 《十二大以来重要文献选编》下，人民出版社 1987 年版，第 1185—1186 页。

工作的总任务和根本目的。为人民服务就是为人民的根本利益和最大利益服务，为社会主义服务就是为社会主义的根本任务服务。经济建设是我国人民的根本利益和最大利益所在，是我国社会主义的根本任务和中心任务。"文艺为人民服务、为社会主义服务"这个口号，不仅能更完整地反映社会主义时期对文艺的历史要求，而且更符合文艺规律。因为，在新时期，"人民大众"的范围已大大超出了"工农兵"的范围；因为，虽然文艺不可能完全脱离政治，但不能要求文艺为某一项具体的政治运动、政治任务和政治口号服务，这样势必导致文艺的单一化、概念化、公式化，况且政治和文艺都属于上层建筑，要求上层建筑以上层建筑为服务目的，显然是不合适的，在正常的和平建设时期尤其是不应当的。政治和文艺都应该为经济基础服务，应该以为社会主义建设服务为目的。

（三）重申"双百"方针。

随着改革开放的进行，提出要认真总结历史经验，正确贯彻"百花齐放，百家争鸣"的方针。邓小平在《祝辞》中重申，要继续"坚持百花齐放、推陈出新、洋为中用、古为今用的方针，在艺术创作上提倡不同形式和风格的自主发展，在艺术理论上提倡不同观点和学派的自由讨论"[①]。党的十二届六中全会《关于社会主义精神文明建设指导方针的决议》强调必须坚决贯彻执行百花齐放、百家争鸣的方针，指出："学术和艺术问题，要遵守宪法规定的原则，实行学术自由，创

---

① 《邓小平文选》第二卷，人民出版社 1994 年版，第 210 页。

作自由，讨论自由，批评和反批评的自由。这样做的目的，是正确发挥马克思主义对学术和艺术的指导作用，造成科学文化发展所必需的安定团结的环境和民主和谐的气氛，使他们更好地为人民服务、为社会主义服务。"[①] 在新时期，贯彻"百花齐放，百家争鸣"方针，不仅要体现在文艺创作、文艺评论、文艺理论研究方法上，而且要体现在遵守宪法规定的原则和坚持文艺为人民服务、为社会主义服务的原则上，这样，就使"双百"方针在社会主义现代化和改革开放条件下，有了更为丰富的内涵和新的时代要求。

这里首先要强调的是，邓小平文艺理论继承和发展了毛泽东文艺思想，开创了中国特色社会主义文艺理论体系，开辟了马克思主义中国化时代化文艺理论的新境界。坚持精神文明重在建设，坚持为人民服务、为社会主义服务的方向，坚持"百花齐放，百家争鸣"的方针，团结一切拥护社会主义的文艺工作者、一切维护祖国统一的爱国的文艺工作者，为把我国建设成为富强、民主、文明的社会主义现代化强国而奋斗，这是邓小平文艺理论的主要内容和党在社会主义初级阶段建设有中国特色社会主义文艺的具体路线。这个理论，是以邓小平为代表的中国共产党人对毛泽东文艺思想的继承和发展。这个具体路线，是党的"以经济建设为中心，坚持四项基本原则，坚持改革开放"的总路线在文艺工作中的具体体现。党的文艺工作是党的工作的一部分，党的文艺工作的具体路线是从属于党的总路线的。文艺繁荣

---

① 《十二大以来重要文献选编》下，人民出版社 1987 年版，第 1184 页。

是配合、服务、服从于经济建设这个中心的，"二为"方向是四项基本原则在文艺工作中的具体体现，"双百"方针则是改革开放总方针在文艺中的具体体现。

这里进一步强调的是，以江泽民同志为代表的共产党人和以胡锦涛同志为代表的共产党人，在丰富中国特色社会主义文艺理论体系、推动马克思主义中国化时代化文艺理论发展方面做出了许多重要贡献。江泽民、胡锦涛反复强调精神文明重在建设，文艺要坚持"二为"方向、"双百"方针的指导思想，而且在许多方面有新发展。

一是进一步提出"弘扬主旋律、提倡多样化"，而且把"发展先进文化"写进了党的指导思想。1994年江泽民在全国宣传思想工作会议上的讲话中指出："坚持精神文明重在建设，重在加强管理。"在强调文艺要坚持为人民服务、为社会主义服务的方向，贯彻百花齐放、百家争鸣的方针的基础上，增加了"弘扬主旋律、提倡多样化"的新要求。强调"弘扬主旋律、提倡多样化，是坚持'二为'方向和'双百'方针的具体体现。"[1] 江泽民最突出的理论贡献，是把发展先进文化提高到党的指导思想的高度，写入"三个代表"重要思想。2001年，江泽民《在中国文联第七次全国代表大会、中国作协第六次全国代表大会上的讲话》中强调指出："努力建设我国的先进文化，使它在全国人民乃至世界人民中间具有强大的吸引力和感召力，与努力发展我国的先进生产力，使我国加快进入世界生产力发达国家的行列，都

---

[1] 《江泽民论有中国特色社会主义（专题摘编）》，中央文献出版社2002年版，第386页。

是我们实现社会主义现代化的战略任务。只有建设面向现代化、面向世界、面向未来的，民族的科学的大众的社会主义先进文化，才能满足人民日益增长的精神文化生活的需要，不断促进人民思想道德素质和科学文化素质提高，也才能为发展经济、发展先进生产力指引正确的方向，提供强大的智力支持。"[①]他希望当代中国的文艺工作者应该遵循先进文化的前进方向，自觉投身于改革开放和现代化建设的伟大实践，努力推进我国文艺的创新和繁荣。

二是提出"三贴近"，并提出实施"文化强国战略"。2007年胡锦涛在党的十七大报告中指出："要坚持为人民服务、为社会主义服务的方向和百花齐放、百家争鸣的方针，贴近实际、贴近生活、贴近群众，始终把社会效益放在首位，做到经济效益与社会效益相统一。创作更多反映人民主体地位和现实生活、群众喜闻乐见的优秀精神文化产品。"[②]提出"三贴近"的原则，使文艺坚持"二为"方向和"双百"方针的要求进一步具体化、形象化，丰富和发展了中国特色社会主义文艺理论体系和马克思主义中国化时代化文艺理论的内涵。以胡锦涛同志为代表的中国共产党人把深化文化体制改革、推动文化创新、增强文化发展活力放在了更加突出的地位，党的十七届六中全会作出了《关于深化文化体制改革，推动社会主义文化大发展大繁荣若干重大问题的决定》，提出了"努力建设社会主义文化强国"的目标任务。把繁荣发展文艺作为强国战略提出并实施，具有重大的历史意义。

---

① 《江泽民论有中国特色社会主义（专题摘编）》，中央文献出版社2002年版，第391页。
② 《人民日报》2007年10月16日。

三、习近平文化思想的形成与马克思主义中国化时代化文艺理论发展的新创造：科学地回答了"新时代中国特色社会主义文艺如何繁荣兴盛"的重大问题

党的十八大以来，中国特色社会主义进入新时代，习近平总书记对文艺工作提出了一系列新思想、新观点、新论断，形成了包括文艺重要论述在内的习近平文化思想。其中，2014 年 10 月 15 日发表的《在文艺工作座谈会上的讲话》，是习近平总书记关于文艺工作的重要论述与马克思主义中国化时代化文艺理论新发展的标志性成果。习近平总书记关于文艺工作的重要论述，立足新时代，着眼新征程，科学地回答了"新时代中国特色社会主义文艺如何繁荣兴盛"的重大问题，概括起来，主要包括以下五个方面内容。

（一）无愧伟大时代，致力强国复兴。

新时代、新征程，以中国式现代化全面推进中华民族伟大复兴成为时代主题、奋斗目标。强国复兴需要中华文化繁荣兴盛。习近平总书记指出："没有中华文化繁荣兴盛，就没有中华民族伟大复兴。一个民族的复兴需要强大的物质力量，也需要强大的精神力量。没有先进文化的积极引领，没有人民精神世界的极大丰富，没有民族精神力量的不断增强，一个国家、一个民族不可能屹立于世界民族之林。"[1] 中国文艺繁荣、中华文化兴盛是强国复兴的精神力量。习近平总书记强调："历史和现实都证明，中华民族有着强大的义化创造力。每到重大

---

[1] 习近平：《论党的宣传思想工作》，中央文献出版社 2020 年版，第 96 页。

历史关头，文化都能感国运之变化、立时代之潮头、发时代之先声，为亿万人民、为伟大祖国鼓与呼。中华文化既坚守本根又不断与时俱进，使中华民族保持了坚定的民族自信和强大的修复能力，培育了共同的情感和价值、共同的理想和精神。"[①] 文艺是时代前进的号角，最能代表一个时代的风貌，最能引领一个时代的风气，举精神旗帜、立精神支柱、建精神家园，是当代中国文艺的崇高使命。习近平总书记强调："我国作家艺术家应该成为时代风气的先觉者、先行者、先倡者，通过更多有筋骨、有道德、有温度的文艺作品，书写和记录人民的伟大实践、时代的进步要求，彰显信仰之美、崇高之美，弘扬中国精神、凝聚中国力量，鼓舞全国各族人民朝气蓬勃迈向未来。"[②] "'文章合为时而著，歌诗合为事而作。'衡量一个时代的文艺成就最终要看作品。推动文艺繁荣发展，最根本的是要创作生产出无愧于我们这个伟大民族、伟大时代的优秀作品。"[③] 无愧伟大时代、致力强国复兴，是坚持文艺为社会主义服务方向的时代新要求、奋斗新征程。

（二）坚持人民中心，反映人民心声。

社会主义文艺是人民的文艺。源于人民、为了人民、属于人民，是社会主义文艺的根本立场，也是社会主义文艺繁荣发展的动力所在。人民需要文艺，文艺需要人民，文艺要热爱人民，要坚持以为人民为中心的创作导向。习近平总书记指出："人民既是历史的创造者、

[①]　习近平：《论党的宣传思想工作》，中央文献出版社 2020 年版，第 95 页。
[②]　习近平：《论党的宣传思想工作》，中央文献出版社 2020 年版，第 97 页。
[③]　同上。

也是历史的见证者，既是历史的'剧中人'、也是历史的'剧作者'。文艺要反映好人民心声，就要坚持为人民服务、为社会主义服务这个根本方向。这是党对文艺战线提出的一项基本要求，也是决定我国文艺事业前途命运的关键。只有牢固树立马克思主义文艺观，真正做到了以人民为中心，文艺才能发挥最大正能量。以人民为中心，就是要把满足人民精神文化需求作为文艺和文艺工作的出发点和落脚点，把人民作为文艺表现的主体，把人民作为文艺审美的鉴赏家和评判者，把为人民服务作为文艺工作者的天职。"① 他强调："人民的需要是文艺存在的根本价值所在。能不能搞出优秀作品，最根本的决定于是否能为人民抒写、为人民抒情、为人民抒怀。一切轰动当时、传之后世的文艺作品，反映的都是时代要求和人民心声。"② 坚持人民中心、反映人民心声，是文艺坚持为人民服务方向的时代新表达、内涵新丰富。

（三）发扬艺术民主，推动文艺创新。

习近平总书记指出："要繁荣文艺创作，坚持思想精深、艺术精湛、制作精良相统一，加强现实题材创作，不断推出讴歌党、讴歌祖国、讴歌人民、讴歌英雄的精品力作，发扬学术民主、艺术民主，提升文艺原创力，推动文艺创新。"③ 创新是文艺的生命。文艺创作是观念和手段相结合、内容和形式相融合的深度创新，是各种艺术要素和技术要素的集成，是胸怀和创意的对接。要把创新精神贯穿于文艺创

---

① 习近平：《论党的宣传思想工作》，中央文献出版社 2020 年版，第 103 页。
② 习近平：《论党的宣传思想工作》，中央文献出版社 2020 年版，第 105 页。
③ 《习近平著作选读》第二卷，人民出版社 2023 年版，第 36 页。

作生产全过程，增强文艺原创能力。要尊重和遵循文艺规律。要尊重文艺工作者的创作个性和创造性劳动，政治上充分信任，创作上热情支持，营造有利于文艺创作的良好环境。发扬艺术民主，推动文艺创新，是文艺坚持"百花齐放，百家争鸣"方针的时代解读、政策指向。

（四）增强文化自信，坚持"两个结合"。

强调增强文化自信，是党的十八大以来习近平总书记提出并反复强调的重要观点。他说："我们说要坚定中国特色社会主义道路自信、理论自信、制度自信，说到底是要坚定文化自信。"[①]因为，"文化自信，是更基础、更广泛、更深厚的自信"[②]。而且，"没有高度的文化自信，没有文化的繁荣兴盛，就没有中华民族伟大复兴"[③]。把增强文化自信提高到了充分发挥中国特色社会主义制度优越性和推进强国复兴战略的高度，意义重大而深远。文艺是文化的重要支撑和载体。文艺发展繁荣是增强文化自信的基础。习近平总书记强调指出："文艺创作不仅要有当代生活的底蕴，而且要有文化传统的血脉。'求木之长者，必固其根本；欲流之远者，必浚其泉源。'中华优秀传统文化是中华民族的精神命脉，是涵养社会主义核心价值观的重要源泉，也是我们在世界文化激荡中站稳脚跟的坚实根基。增强文化自觉和文化自信，是坚定道路自信、理论自信、制度自信的题中应有之义。"[④]改革开放以来，我们取得一切成就和进步的根本原因，归结起来就是开辟了中国

① 习近平：《论党的宣传思想工作》，中央文献出版社 2020 年版，第 228 页。
② 习近平：《在庆祝中国共产党成立 95 周年大会上的讲话》，《求是》杂志 2021 年第 8 期。
③ 《习近平著作选读》第二卷，人民出版社 2023 年版，第 33 页。
④ 习近平：《论党的宣传思想工作》，中央文献出版社 2020 年版，第 113—114 页。

特色社会主义道路，形成了中国特色社会主义理论体系，确立了中国特色社会主义制度，发展了中国特色社会主义文化。中国特色社会主义道路是实现途径，中国特色社会主义理论体系是行动指南，中国特色社会主义制度是根本保障，中国特色社会主义文化是精神力量，四者统一于中国特色社会主义伟大实践。这是中国特色社会主义最鲜明的特色，必须坚定道路自信、理论自信、制度自信、文化自信。增强文化自信是习近平文化思想的重要内涵，提出增强文化自信是对马克思主义中国化时代化理论的重大创新发展。

习近平文化思想的另一个重大创新是提出"两个结合"。在庆祝中国共产党成立 100 周年大会上的讲话中，习近平总书记明确指出："新的征程上，我们必须坚持马克思列宁主义、毛泽东思想、邓小平理论、'三个代表'重要思想、科学发展观，全面贯彻新时代中国特色社会主义思想，坚持把马克思主义基本原理同中国具体实际相结合、同中华优秀传统文化相结合，用马克思主义观察时代、把握时代、引领时代，继续发展当代中国马克思主义、二十一世纪马克思主义！"[1]中国特色社会主义文化积淀着中华民族最深沉的精神追求，代表着中华民族独特的精神标识，是激励全党全国各族人民奋勇前进的强大精神力量。这一文化，源自中华民族五千多年文明历史所孕育的中华优秀传统文化，熔铸于党领导人民革命、建设、改革中创造的革命文化和社会主义先进文化，植根于中国特色社会主义伟大实践。中国有坚

---

[1] 《习近平著作选读》第二卷，人民出版社 2023 年版，第 483 页。

定的道路自信、理论自信、制度自信，其本质是建立在中华文明传承基础上的文化自信。马克思主义中国化时代化理论有三个重要来源，一个是来源于对马克思主义原理的学习运用，一个是来源于对中国革命、建设、改革实践经验的科学总结，一个是来源于对中华优秀传统文化的继承发展。坚持和发展马克思主义，必须同中国具体实际相结合，同中华优秀传统文化相结合。这也是坚持和发展马克思主义中国化时代化文艺理论的基本原则。习近平总书记要求文艺工作要"坚持为人民服务、为社会主义服务，坚持百花齐放、百家争鸣，坚持创造性转化、创新性发展，不断铸造中华文化新辉煌"[1]。他强调："创造性转化，就是要按照时代特点和要求，对那些至今仍有借鉴价值的内涵和陈旧的表现形式加以改造，赋予其新的时代内涵和现代表达形式，激活其生命力。创新性发展，就是要按照时代的新进步新进展，对中华优秀传统文化的内涵加以补充、拓展、完善，增强其影响力和感召力。"[2]习近平总书记提出坚持与中华优秀传统文化相结合，坚持创造性转化和创新性发展，开创了马克思主义中国化时代化文化发展的新境界，对于文艺工作有重大的指导意义。

（五）加强党的领导，把握正确导向。

党对文艺工作历来高度重视，这是因为，文艺事业是党和人民的重要事业，文艺战线是党和人民的重要战线。习近平总书记非常重视加强和改进党对文艺的领导，多有深刻论述。他指出："党的领导是社

---

① 《习近平著作选读》第二卷，人民出版社 2023 年版，第 57 页。
② 《习近平著作选读》第二卷，人民出版社 2023 年版，第 57 页。

会主义文艺发展的根本保证。党的根本宗旨是全心全意为人民服务，文艺的根本宗旨也是为人民创作。把握住这个立足点，党和文艺的关系就能得到正确处理，就能准确把握党性和人民性的关系、政治立场和创作自由的关系。"① 把加强和改进党对文艺的领导置于坚持党的根本宗旨的立足点和制高点，使为人民服务成为党和文艺、党性和人民性、政治立场和创作自由关系的结合点、试金石，非常深刻。他进一步强调指出："加强和改进党对文艺工作的领导，要把握两条：一是要紧紧依靠广大文艺工作者，二是要尊重和遵循文艺规律。"② 把坚持和改进党对文艺工作的领导，同尊重群众、坚持党的群众路线有机结合了起来，同尊重和遵循文艺规律、推动文艺繁荣发展有机结合了起来。一句话，坚持和改进党对文艺工作的领导，也要坚持群众拥护标准、实践标准、生产力标准。这就使加强和改进党对文艺工作的领导有了新的更高的要求和标准。

2023 年 10 月 7 日至 8 日，全国宣传思想文化工作会议在京召开。会议最重要的成果就是首次明确使用了"习近平文化思想"概念。习近平文化思想内容丰富、内涵深刻，是一个完整的科学体系，极大地丰富了马克思主义中国化时代化理论，标志着我们党对中国特色社会主义文化建设规律的认识达到了新高度，表明我们党的历史自信、文化自信达到了新高度，并在我国社会主义文化进程中展现出了强大伟力，为做好新时代新征程包括文艺工作在内的文化工作，担负起新

① 习近平：《论党的宣传思想工作》，中央文献出版社 2020 年版，第 116 页。
② 同上。

的使命，提供了强大思想武器和科学行动指南，要站在新高度，密切结合新时代文艺工作实际，深入学习领会、全面贯彻落实。

总之，纵观马克思主义中国化时代化文艺理论发展的百年历程，从毛泽东文艺思想创立，经过中国特色社会主义文艺理论体系丰富发展，到习近平文化思想形成，既是一脉相承的，又是与时俱进的。我们之所以突出强调这三大理论成果及四个标志性成果的重要性，主要是因为：

第一，这三大理论成果及四个标志性成果，是马克思主义中国化时代化文艺理论发展的里程碑和代表作。毛泽东《在延安文艺座谈会上的讲话》和"双百"方针，是我国新民主主义革命时期和社会主义革命与建设时期文艺理论发展的里程碑，是毛泽东文艺思想的代表作；邓小平《在中国文学艺术工作者第四次代表大会上的祝辞》，是我国改革开放和社会主义现代化新时期文艺理论发展的里程碑，是中国特色社会主义文艺理论体系的代表作；习近平总书记《在文艺工作座谈会上的讲话》，是新时代中国特色社会主义文艺思想发展的里程碑，是习近平总书记关于文艺工作重要论述的代表作。

第二，这三大理论成果及四个标志性成果，历史性地回答了中国文艺发展繁荣的重大问题，是马克思主义中国化时代化文艺理论发展的历史贡献。毛泽东文艺思想，特别是毛泽东《在延安文艺座谈会上的讲话》、毛泽东和党中央提出的"百花齐放，百家争鸣"方针，鲜明地回答了"文艺为谁服务、怎样服务"的重大问题。中国特色社会主义文艺理论体系，特别是邓小平《在中国文学艺术工作者第四次代表大会上的祝辞》，系统地回答了"中国特色社会主义文艺怎样繁荣发展"的重大问题。习近平总书记关于文艺工作的重要论述，特别是《在文艺工作座谈会上的讲话》，科学地回答了"在中国特色社会主义新时代文艺怎样繁荣兴盛"的重大问题。

第三，这三大理论成果及四个标志性成果，集中体现了马克思主义中国化时代化文艺理论体系的核心观点。毛泽东文艺思想，特别是毛泽东《在延安文艺座谈会上的讲话》提出的"文艺为人民大众服务"的思想、1956 年提出的"双百"方针，是马克思主义中国化时代化文艺理论体系的两个基本点。中国特色社会主义文艺理论体系，特别是邓小平《在中国文学艺术工作者第四次代表大会上的祝辞》，以新时期党的基本路线为指导，提出文艺工作坚持重在建设、坚持"二为"方向和"双百"方针，进一步丰富和完善了马克思主义中国化时代化文艺理论体系。习近平总书记关于文艺工作的重要论述，特别是习近平总书记《在文艺工作座谈会上的讲话》，立足中国特色社会主义新时代，提出坚持以人民为中心，坚持为人民服务、为社会主义服务，坚持百花齐放、百家争鸣，坚持增强文化自信，坚持与中华优秀传统文化相结合，坚持创造性转化、创新性发展，不断铸造中华文化新辉煌，为我们打开了马克思主义中国化时代化文艺理论发展的新境界，并将这个理论的发展推向了一个新阶段。

马克思主义中国化时代化文艺理论，植根中国实践、继承优秀传统、不断创新发展，具有重要理论价值、实践意义和强大生命力。在中国共产党的领导下，马克思主义中国化时代化文艺理论经过百年发展历程，已经形成具有中国特色、时代特征、规律特性的科学体系。在中国式现代化新征程上，以习近平文化思想为指引，马克思主义中国化时代化理论将不断开创新境界，不断为推进中国文艺创新发展乃至中华民族伟大复兴增添前进动力。

是为序。

宋贵伦

初稿创作于 2023 年 6 月 18 日

修改于 2024 年 2 月 16 日春节期间

定稿于 2024 年 3 月 29 日午夜

目录

伍　毛泽东文艺思想生平年表

后 记

毛泽东的文艺"朋友圈"

毛泽东不仅个人有很深的文学造诣，而且与文艺界始终有广泛的交往，有一个很大的文艺"朋友圈"。一到延安，他就为党搭建了一个大大的文艺"朋友圈"。新中国一成立，他又为党和国家搭建了一个更大的文艺"朋友圈"。

建立延安文艺"朋友圈"

作为诗人、书法家，毛泽东有许多著作。作为思想家，毛泽东对中国文艺界有很成熟的理论思考。作为革命领袖，毛泽东一开始就非常重视革命文艺统一战线的建立。在党中央到达延安后，他立即组织建立了一个大大的文艺"朋友圈"。

一、亲自策划成立党中央领导下的第一个全国性文艺团体

1935 年 10 月 19 日，陕甘支队到达陕北吴起镇。至此，中央红军主力行程二万五千里、纵横 11 个省的长征胜利结束。1936 年 10 月 9 日，红四方面军指挥部到达甘肃会宁，同红一方面军会合。22 日，红二方面军指挥部到达甘肃隆德将台堡（今属宁夏回族自治区），同红一方面军会合。至此，三大主力红军胜利会师。1936 年 11 月 22 日，党中央领导下的陕北根据地最早成立的文艺团体——中国文艺协会，在保安县（现名志丹县）成立了。这也是毛泽东为党建立的最早的文艺"朋友圈"。随着时间的推移，这个"朋友圈"也越来越大。

毛泽东始终融入这个文艺"朋友圈",与圈内人留下了许多生动的交往故事。

当时的中国革命,刚刚转危为安,但民族生死存亡问题远未解决。当时的中国文艺界,在鲁迅等人的带领下,新文化运动的声势越来越大,以各种实际行动参加和支持新文化运动的文艺家越来越多,新的社团、报刊风起云涌,但进步文艺与落后文艺的斗争仍很激烈,进步文艺团体之间的论争也此起彼伏,各地的文艺团体缺乏联系,各方面的文艺家还没有形成在同一目标下的团结。1936年10月19日鲁迅逝世,进步文化大军犹如失去了"总司令",团结全国文艺工作者共同结成统一战线中新的战斗力量的任务更加艰巨。为了联络各地的文艺团体、各方面的文艺家,以及一切对文艺有兴趣者,在抗日民族统一战线的目标下,共同推动新的文艺工作,结成统一战线中新的战斗力量,丁玲、成仿吾、李伯钊等34人倡议成立文艺工作者协会。

在1936年11月22日召开的成立大会上,由毛泽东提议全体会员通过,协会定名为"中国文艺协会"。

二、对文艺界的第一次讲话

毛泽东在成立大会上发表了演讲。这也是毛泽东作为中国共产党领导人专门就文艺问题向文艺界所作的第一次讲话。毛泽东这篇讲话,最早以《毛泽东讲演略词》(以下简称《略词》)为题,发表在1936年11月30日《红色中华》报《红中副刊》创刊号上。《红色中华》

是当时中共中央的报纸,《红中副刊》是中国文艺协会的代会刊。由此可见党中央、毛泽东对中国文艺协会的重视。《略词》发表时,在最前面还有一个省略号。省去了什么、省略了多少,不得而知。但就《略词》本身看,内容已经很丰富、很重要了。

毛泽东首先称赞说:"今天这个中国文艺协会的成立,这是近十年来苏维埃运动的创举。"因为"中国苏维埃成立已很久,已做了许多伟大惊人的事业,但在文艺创作方面,我们干得很少","过去我们是有很多同志爱好文艺,但我们没有组织起来,没有专门计划的研究,进行工农大众的文艺创作,就是说过去我们都是干武的"①。

然后他指出:"现在我们不但要武的,我们也要文的了,我们要文武双全。"②这同后来《在延安文艺座谈会上的讲话》中讲"文武两个战线"、文武两支军队、朱(德)总司令的军队和鲁(迅)总司令的军队,是一脉相承的。当时"中国有两条战线,一条是抗日战线,一条是内战。要结成抗日民族统一战线,把日本帝国主义赶出去,争取中国民族的独立解放,首先我们就要停止内战"③。"怎样才能停止内战呢? 我们要文武两方面都来。要从文的方面去说服那些不愿停止内战者,从文的方面去宣传教育全国民众团结抗日。如果文的方面说服不了那些不愿停止内战者,那我们就要用武的去迫他停止内战。你们文学家也要到前线上去鼓励战士,打败那些不愿停止内战者。"④

---

① 中共中央文献研究室编:《毛泽东文艺论集》,中央文献出版社2002年版,第3页。
② 同上。
③ 同上。
④ 中共中央文献研究室编:《毛泽东文艺论集》,中央文献出版社2002年版,第4页。

三、毛泽东文艺思想开始形成的标志

讲演最后有一个提法很值得注意。他说："发扬苏维埃的工农大众文艺，发扬民族革命战争的抗日文艺，这是你们伟大的光荣任务。"[①]这时，上海文艺界（主要是左翼文艺团体）关于"国防文学"和"民族革命战争的大众文学"两个口号的争论，已经进行了大半年，极大可能引起了毛泽东的注意。毛泽东在讲演中提出的"两个发扬"，包含了为工农大众服务的思想。这是《在延安文艺座谈会上的讲话》中提出的文艺为人民大众服务思想的雏形。它标志着毛泽东文艺思想开始形成。

这篇讲话，不大为广大文艺工作者、理论研究者所注意。1964年人民出版社出版的田家英主持编选的《毛泽东著作专题摘录》，在"关于文化教育和知识分子"一编中，曾摘录了这篇讲话，说明编选者有较宽、较高的眼界。1987年文化艺术出版社出版的艾克恩编纂的《延安文艺运动纪盛》，虽然从1937年写起，但也用倒叙的方式引录了这篇讲话。这说明编纂者很重视这篇讲话。1992年，龚育之同志编辑、人民文学出版社出版的《毛泽东论文艺（增订本）》，将这篇讲话作为卷首篇，应该说是最合适、很理想的。

---

① 中共中央文献研究室编：《毛泽东文艺论集》，中央文献出版社2002年版，第4页。

与鲁迅神交终生

20 世纪 80 年代曾有过毛泽东与鲁迅是否见过面的激烈争论。事实上，毛、鲁二人从未见过面。那场争论很热闹，直到 90 年代初还有人炒作此事。我也曾写过一篇长文《鲁迅研究中的一段历史公案，"毛泽东热"中不应有的现象——兼评〈鲁迅和毛泽东的友谊〉》，发表在 1992 年第 2 期《毛泽东思想研究》上，1993 年收入本书原版中。那场争论很热闹，那篇文稿也很生动，但事过境迁，结论已明，这里就不翻旧账了，本版也未再收那篇文稿。需要强调的是，尽管毛、鲁未曾谋面，但毛泽东与鲁迅神交终生。

一、44 年后正式公开发表的文稿

1937 年 10 月 19 日，毛泽东在延安陕北公学鲁迅逝世周年纪念大会上发表了演讲。毛泽东演讲时没有稿子，一位听讲人整理了自己的记录，送到国民党统治区胡风主编的《七月》杂志。1938 年 3 月在该刊第 10 期上，以《论鲁迅》为题、用"毛泽东演讲、大汉笔录"的方式发表了。1938 年 11 月，钱杏邨主编的《文献》予以转载。1950 年 7 月，选入中央人民政府出版总署编审局出版的《高级中学语文课本》第一册。这篇演讲流传很广，但上举各书刊，均不属党中央的报刊。按照党的文献编辑规则，不能算正式公开发表。另外，记录者"大汉"是何许人也，也多年不为人们所知。因而，原版《毛泽东论文艺》等未收此文，是可以理解的。

1981 年，中央党校唐天然同志几经周折终于找到了《论鲁迅》的笔录者、水上运输高级法院筹备组负责人汪大漠同志。原来，"大汉"为"大漠"之误。繁体字"汉"与"漠"形体相近，《七月》杂志目录上印的是"漠"，但正文却印成了"汉"。1981 年 8 月 19 日《人民日报》发表了唐天然的文章《〈毛泽东论鲁迅〉发表的经过》，介绍了有关情况。1937 年 7 月 7 日，全民族抗战爆发，21 岁的汪大漠便从成都投奔到八路军驻西安办事处，起初被分配在红一军团宣传队，很快又转到陕北公学，为第一期学员。入学不久，正值鲁迅周年祭日，成仿吾校长请了毛泽东来演说。当时听讲的人不太多，座位也是随便坐的、汪大漠因为眼睛近视，便坐到了第一排长凳上。"我仔细地听，认真地记，就把毛主席的讲话笔录下来了。"1938 年 2 月，汪大漠被分配到八路军驻武汉办事处，准备去新华日报社工作。但由于形势急剧变化，武汉告急，党的机构准备迁往重庆，就把他介绍到南昌去了，后来又转到新四军，去了敌后。在等待分配的短暂时间里，汪大漠将毛泽东演讲记录和一些访问笔记进行了整理，并交给了新华日报社吴敏同志。其他访问记录很快发表了，唯独演讲记录稿被退回。吴敏同志告诉他:"因为是中央领导同志讲话,未经本人审阅,不便刊登。"汪大漠说:"我随即寄给了《七月》,还附了短信。很快,胡风就把它发表了,而且放在了第一篇的显著位置。我想,《新华日报》是党的报纸,比较慎重;《七月》是一般性文艺刊物,考虑不多。胡风因为看到是毛主席的讲话,又是论述鲁迅思想的,就立刻发表了。"从而可以看出,胡风对毛泽东和鲁迅这两位巨人是很尊敬的。发表这篇演讲是他的一个贡献。汪大漠不无感慨地说:"他不刊登,这篇文献也就湮没了。"文章刊出后,正文的署名误印成"大汉",汪大漠是看到的,但并没有去信更正。以后,他很快转到敌后,也无法和胡风联系了。因此,他和胡风并未见面,胡风也不认识他。关于记录稿本身,汪大漠说:"记录稿可能有遗漏,但绝无随便增添的。"他又说:"在延安可惜没有及时整理;后来到武汉整理出来了,也无法送给毛主席审阅了。不过,发表以后,在武汉的中央首长总会看到的,好像并没有提出问题。"

在鲁迅100周年诞辰之际,经原中共中央文献研究室审核批准,《人民日报》于1981年9月22日在头版头条重新发表《论鲁迅》一文。1992年我们增订《毛泽东论文艺》,当然不会忽略这一篇重要文稿。

二、关于鲁迅的唯一专论

毛泽东在许多文章、讲话中谈到鲁迅,但专门论述鲁迅,《论鲁迅》是唯一的一篇。在这篇讲演中，毛泽东给予鲁迅很高的评价。毛泽东称他不仅是一个伟大的文学家，而且是一个民族解放的急先锋。"他并不是共产党组织中的一人，然而他的思想、行动、著作，都是马克思主义的。他是党外的布尔什维克。"毛泽东称他"是中国的第一等圣人""是现代中国的圣人"，并从三个方面概括了"鲁迅精神"。[1]这些都是非常引人注意的。

三、对鲁迅的高度评价

毛泽东向来对鲁迅评价很高。

在《新民主主义论》中，毛泽东称"鲁迅是中国文化革命的主将，他不但是伟大的文学家，而且是伟大的思想家和伟大的革命家"，"鲁迅是在文化战线上，代表全民族的大多数，向着敌人冲锋陷阵的最正确、最勇敢、最坚决、最忠实、最热忱的空前的民族英雄。鲁迅的方向，就是中华民族新文化的方向"[2]。

《在延安文艺座谈会上的讲话》中，他号召"一切共产党员，一切革命家，一切革命的文艺工作者，都应该学鲁迅的榜样，做无产阶级和人民大众的'牛'，鞠躬尽瘁，死而后已"[3]。

在《论十大关系》中，毛泽东说："《阿Q正传》是一篇好小说，

---

① 中共中央文献研究室编：《毛泽东文艺论集》，中央文献出版社2002年版，第9—11页。
② 中共中央文献研究室编：《毛泽东文艺论集》，中央文献出版社2002年版，第31页。
③ 中共中央文献研究室编：《毛泽东文艺论集》，中央文献出版社2002年版，第82页。

我劝看过的同志再看一遍，没看过的同志好好地看看。"①

在《同音乐工作者的谈话》中，毛泽东说："鲁迅对于外国的东西和中国的东西都懂，但他不轻视中国的。"②"鲁迅的小说，既不同于外国的，也不同于中国古代的，它是中国现代的。"③

大家知道，毛泽东在文章中是很少引用别人的话的，包括马克思、恩格斯、列宁的话。他自己也曾经谈过这个问题。但《在延安文艺座谈会上的讲话》一文，却有三处引用了鲁迅的话、几次谈到鲁迅。

毛泽东经常引用鲁迅的诗，并经常书写送人，尤其是"横眉冷对千夫指，俯首甘为孺子牛"。他认为这两句诗"应该成为我们的座右铭"④。

1958年年底，他曾为红线女写过这句诗。在武昌召开党的八届六中全会期间，著名粤剧演员红线女随团应邀为主会演出。演出结束后，毛泽东等领导同志登台接见演员时，红线女请毛泽东给她写几个字，毛泽东愉快地答应了。当晚他就写了"横眉冷对千夫指，俯首甘为孺子牛"。第二天他让工作人员交给了红线女。在鲁迅诗前，毛泽东还写道："1958年，在武昌，红线女同志对我说，写几个字给我，我希望。我说：好吧。因写如右。最后落款：毛泽东，1958年12月1日。"⑤

1961年10月7日，毛泽东在中南海接见日中友好协会代表团和

① 《毛泽东文集》（第七卷），人民出版社1999年版，第39页。
② 中共中央文献研究室编：《毛泽东文艺论集》，中央文献出版社2002年版，第152页。
③ 中共中央文献研究室编：《毛泽东文艺论集》，中央文献出版社2002年版，第154页。
④ 中共中央文献研究室编：《毛泽东文艺论集》，中央文献出版社2002年版，第82页。
⑤ 徐中远：《读鲁迅著作》，出自龚育之、逄先知、石仲泉：《毛泽东的读书生活》，生活·读书·新知三联书店1986年版，第194页。

日本民间教育代表团部分成员时，高兴地将鲁迅的著名诗作"万家墨面没蒿莱，敢有歌吟动地哀。心事浩茫连广宇，于无声处听惊雷"书赠日本朋友们。[①] 他对日本朋友们说："这一首诗，是鲁迅在中国黎明前最黑暗的年代里写的"，是在去世前不久书赠日本社会评论家新居格的。25 年后毛泽东也将此诗书赠给日本的朋友们。为了帮助日本朋友们理解这首诗，毛泽东还特意让郭沫若现场翻译、解释。

从以上可见毛泽东对鲁迅、对鲁迅作品的重视，也可见鲁迅、鲁迅思想对毛泽东的影响。

四、对鲁迅著作的珍视

毛泽东珍视鲁迅著作，有许多佳话，也有许多史料记载。在毛泽东身边工作过的同志回忆：1938 年 8 月我国第一次出版的《鲁迅全集》（二十卷本），他转移、行军到哪里，就把它带到哪里。在那戎马倥偬的战争年代，毛泽东有不少书籍和用品都丢弃了，可这套书一直伴随着他。1956—1958 年，人民文学出版社出版了新版《鲁迅全集》，毛泽东十分珍爱其中的许多文章，反复读过多次，出差外地也带在身边；1972 年，为了毛泽东及中央其他老同志阅读方便，人民文学出版社又印了少量的大字线装本《鲁迅全集》，出版社一边印刷装订，一边送阅，毛泽东读了一遍《鲁迅全集》，并作了许多圈点。在

---

① 徐中远：《读鲁迅著作》，出自龚育之、逄先知、石仲泉：《毛泽东的读书生活》，生活·读书·新知三联书店 1986 年版，第 194—195 页。

有的封面上，他还亲笔写了"1975.8 再阅"。直到逝世，毛泽东的床头、床边的桌子上、书架上，还摆放着这套大字本《鲁迅全集》。[①]

五、也评论过鲁迅的一些不足

那么，毛泽东是否也评论过鲁迅的一些不足呢？回答是：评论过。

在《同音乐工作者的谈话》中，毛泽东指出："只在中医和京剧方面他的看法不大正确。中医医死了他的父亲。他对地方戏还是喜欢的。"[②] 早在 1939 年 11 月 7 日毛泽东在给周扬的信中就说过：鲁迅表现农民看重其黑暗面、封建主义的一面，忽略其英勇斗争、反抗地主，即民主主义的一面，这是因为他未曾经验过农民斗争之故。[③] 毛泽东的这个见解是非常深刻的。这个批评，并无损于鲁迅的形象，也并非毛泽东对鲁迅不敬，恰恰相反，说明了"金无足赤，人无完人"的科学道理，说明了毛泽东历史唯物主义、辩证唯物主义者的深邃眼光和马克思主义者的宽广胸怀。

鲁迅对毛泽东的评论，远远不如毛泽东对他的评论那么多。遵义会议召开的第二年鲁迅就过早地逝世，两人未能见面，成为毛泽东的一大憾事。新中国成立后，鲁迅墓重建。毛泽东庄重地题写了"鲁迅先生之墓"几个大字。[④]

---

① 徐中远：《读鲁迅著作》，出自龚育之、逄先知、石仲泉：《毛泽东的读书生活》，生活·读书·新知三联书店 1986 年版，第 194—195 页。
② 中共中央文献研究室编：《毛泽东文艺论集》，中央文献出版社 2002 年版，第 152—153 页。
③ 龚育之：《大书小识之六：关于〈论鲁迅〉》，《读书》，1992 年第 5 期。
④ 《解放日报》，1956 年 7 月 19 日。

与鲁迅艺术学院的密切关系

一、创立鲁迅艺术学院

在《论鲁迅》中毛泽东曾说："我们为了永久纪念他，在延安成立了鲁迅图书馆，在延安开办了鲁迅师范学校，使后来的人们可以想见他的伟大。"[①] 第二年，1938 年 4 月 10 日，由毛泽东、周恩来、林伯渠、徐特立、成仿吾、艾思奇、周扬等发起的鲁迅艺术学院又在延安成立了。

1937 年到 1938 年年初，许多文艺团体来到延安。为了纪念"一·二八"上海抗战六周年，决定在延安举行一次隆重的文艺晚会。为此，从中国人民抗日军政大学、陕北公学等单位集中了六七十位青年艺术家，只用两星期就排演出四幕话剧《血祭上海》，公演 20 天，观众上万人。在 ·次《血祭上海》座谈会上，当有人建议创办艺术学

① 中共中央文献研究室编:《毛泽东文艺论集》，中央文献出版社 2002 年版，第 10 页。

院时，全场一片掌声。毛泽东当即表示愿用最大力量帮助艺术学院的创立，并宣告筹备委员会正式成立。一个星期后，由毛泽东、周恩来、林伯渠、徐特立、成仿吾、艾思奇、周扬等起草的创立缘起公布了。[①]"在抗战时期中，我们不仅要为了抗日动员与利用一切现有的力量，而且应该去寻求和准备新的力量，这就是说：我们应注意抗战急需的干部培养问题。""艺术——戏剧、音乐、美术、文学是宣传鼓动与组织群众最有力的武器；艺术工作者——这是对于目前抗战不可缺少的力量。""因此我们决定创立这所艺术学院，并且以已故的中国最大的文豪鲁迅先生为名，这不仅是为了纪念我们这位伟大的导师，并且表示我们要向着他所开辟的道路大踏步前进。"经中共中央书记处讨论通过的鲁艺教学方针是："以马列主义的理论与立场，在中国新文艺运动的历史基础上，建设中华民族新时代的文艺理论与实际，训练适合今天抗战需要的大批艺术干部，团结与培养新时代的艺术人才，使鲁艺成为实现中共文艺政策的堡垒与核心。"[②]

二、"统一战线同时是艺术的指导方向"

1938 年 4 月 10 日下午，鲁迅艺术学院举行成立大会。毛泽东出席大会并讲话。"统一战线同时是艺术的指导方向"是其中一部分，刊登在《新中华报》，1938 年 4 月 30 日，第 432 期《柯仲平启事》一

---

① 徐一新：《艺术新园地是怎样开辟的》，《新中华报》"鲁迅艺术学院周年纪念特辑"，1939 年 5 月 10 日。
② 1939 年 5 月 10 日《新中华报》。

文中。此文中称说这段"关于文化的重要指示",经过"毛泽东先生的亲笔订正"①。

原来,在《新中华报》1938年4月20日第430期上,曾发表过柯仲平《是鲁迅主义之发展的鲁迅艺术学院》一文,文中谈到边区文艺工作者要团结在统一战线上一道工作时,写道:"在我的记忆里,毛泽东先生的演讲中有以下这样一段话,这是应该随时想起的。"②接着他就引述了他记忆中的毛泽东的那段话。但毛泽东在哪里的演讲,他没有说。由于报纸排印串行,柯仲平在4月25日第431期《新中华报》上对这段话更正过一次。5天之后在第432期的《柯仲平启事》中他又提供了经毛泽东亲笔订正的这段话。这两次更正,也没有说明毛泽东这段话是在何时何处讲的。王燎荧《陕甘宁边区的文艺运动和毛泽东文艺思想》一文引用了这段话,说它出于毛泽东在鲁迅艺术学院的讲话。这是正确的。中央有关部门保存着毛泽东这次讲话的记录,内容完全可以同《柯仲平启事》提供的那段话相印证。当然,记录稿不止这一段话,内容要丰满一些。可惜这个记录未经毛泽东亲笔订正。增订本收入的只是经过订正的那一段话。然而这段话很重要。

这段话文字不长,却形象生动地描绘了部分"亭子间的人"(来自上海等地的文化人)和部分"山顶上的人"(来自革命根据地的文化人)的长短处,简明扼要地指出了艺术工作的指导方向。毛泽东说:"亭子间的人弄出米的东西有时不大好吃,山顶上的人弄出米的

① 《新中华报》,1938年4月30日,第432期。
② 同上。

东西有时不大好看。有些亭子间的人以为'老子是天下第一，至少是天下第二'；山顶上的人也有摆老粗架子的，动不动，'老子二万五千里'。"① 他认为："现在应当不以那为满足——过去的东西，可以认为是准备时期的东西，应该把自大主义除去一点"；应该"组织十年来的文化成果，训练起万千的文化干部，送到全国各战线上去工作"；"作风应该是统一战线。统一战线同时是艺术的指导方向"②。

三、尚待考证和未经本人订正的几次讲话

艾克恩编纂的《延安文艺运动纪盛》还提到，1938 年 5 月 12 日、1939 年 5 月 10 日、1940 年 6 月 21 日、1942 年 5 月 30 日（即鲁迅艺术学院成立一周年、两周年、三周年、五周年时），毛泽东都到鲁迅艺术学院讲了话，并介绍了讲话的许多内容，而且从所介绍的内容来看大都很生动、很重要。

比如，在（1938 年）"5 月 12 日"之下，编纂者作了这样的介绍："毛泽东同志到鲁艺作重要讲话。他生动地论述了有关抗战文艺是团结人民、教育人民、打击日本帝国主义的武器的精辟论点。并说：你们的校歌在唱'我们是艺术工作者，我们是抗日的战士，用艺术做我们的武器'，这很对。他说：'我们的两支文艺队伍，上海亭子间的队伍和山上的队伍，汇合到一起来了。这就有一个团结的问题。要互相

---

① 中共中央文献研究室编：《毛泽东文艺论集》，中央文献出版社 2002 年版，第 13 页。
② 同上。

学习，取长补短。要好好地团结起来，进行创作、演出。要下去，要到人民生活中去，走马看花，下马看花，起码是走马看花，下马看花更好。我们要有大树，也要有豆芽菜，没有豆芽菜，怎么能有大树呢？我不懂文艺，文艺是团结人民、教育人民、打击日本帝国主义的武器，创作好像厨子做菜一样，有的人作料放得好，菜就好吃。'‘你们要好好看书学习。书是好看的，它不会叫，不会跑，不像杀猪，杀不好，猪就跑了。除了看书，还要学习民间的东西，演戏要像陕北人。'‘文学艺术是有阶级性的，资产阶级的文学家、艺术家，提倡什么艺术至上，实际上是为资产阶级服务，眼里根本没有工人、农民。无产阶级文学艺术工作者要到革命斗争中去，同时学习人民的语言。要从革命斗争中学习的东西多得很。你们看法捷耶夫的小说《毁灭》，描写骑马，平时上马是怎么上的，紧急时候上马是怎么上的，都不一样。如果作者没有参加过战斗生活，怎么能够写得这样真实呢？绥拉菲摩维支写了《铁流》，我们的二万五千里长征也是‘铁流’，可惜还没有人写。'‘《红楼梦》里有大观园。大观园里有个林黛玉、贾宝玉。你们鲁艺是个小观园……我们的女同志不要学林黛玉，只会哭。我们的女同志比林黛玉好多了，会唱歌、会演戏。将来还要到前方打仗。抗日民主根据地就是大观园。你们的大观园在太行山、吕梁山。'‘《阳春白雪》和《下里巴人》这两种歌，你们喜欢哪一种呢？我看《下里巴人》也不错，全国人民都会唱。'"

可惜的是，《延安文艺运动纪盛》没有介绍这段话的材料来源。没有材料出处，是此书的一大缺憾。关于《延安文艺运动纪盛》所述 5

月 12 日讲话的内容，相当一部分可以同档案中保存的讲话记录相印证，但档案中时间是 4 月 28 日，现在还难以断定哪个时间准确，或是说两次讲了内容相近的话。其他几次讲话，《延安文艺运动纪盛》也没交代材料来源，现存档案也没有可以印证的记录。不知《延安文艺运动纪盛》所介绍的讲话的内容及时间、场合的准确度有多大。

可见，尽管几十年来，尤其是党的十一届三中全会以来在毛泽东著作编辑出版方面取得了巨大成就，但在毛泽东文献的搜集和考证方面，的确还有许多细致的工作要做。

与诗人萧三的深厚友谊

一、同乡、同学、诗友

毛泽东与萧三是同乡，是同学，同是诗人。两人一生有着深厚的友谊。毛泽东在回忆少年时代的生活时曾说："很多富家的同学看不起我，因为我平常总穿着破旧的衣服。不过，在他们中我也有朋友，有两个和我特别情投意合。其中一人现在已成为作家，住在苏联。"[①] 这个人就是萧三。萧三在《毛泽东同志在大革命时代》《毛泽东同志的初期革命活动》《毛泽东同志的青少年时代》《毛泽东同志的青少年时代和初期革命活动》等著作中，描述了毛泽东同志的少年生活和他们的友谊。他们两人一生多有书信来往。《毛泽东论文艺（增订本）》选收了 1939 年 5 月他们在延安杨家岭谈话的一张照片和毛泽东给萧三的三封信。第一封写于 1939 年 6 月 17 日，是毛泽东看了萧三的一本

① 埃德加·斯诺：《红星照耀中国》，河北人民出版社 1992 年版，第 98—99 页。

诗稿后写的，毛泽东的读后感是"感觉在战斗"，认为是战斗的作品，盼望他写得更多些①。第二封写于1941年1月29日，信中写道："诗读过了，很有意思。报纸既不登，就在街头发表好了。有暇望来谈。"②第三封写于1945年2月22日，信中称赞说："你的《第一步》，写得很好。你的态度，大不同于初到延安那几年了，文章诚实，恳切，生动有力。当然，从前你的文章也是好的，但是现在更好了，我读这些文章，很得益处。"③

为编辑《毛泽东同志给文艺界人士和关于文艺问题的二十四封信》以纪念毛泽东《在延安文艺座谈会上的讲话》发表40周年，原中央文献研究室毛泽东研究组程敏、边彦军同志曾于1982年1月12日下午拜访过萧三。谈到少年友谊时，诗人说："主席对我是'功善规过'。""那时主席16岁，我13岁。他对我和气，不像有的人欺负我。他衣服穿得没有那么好，平时穿得破破烂烂，是个乡下孩子，我也喜欢他。"谈到毛泽东给他的这三封信时，诗人回忆说："第一封信中所说的'大作'，指的是我手写的一本诗稿，是那天晚上我去看望主席时带去给他看的。临别时，主席又把诗稿还给了我。诗稿没有名字，当时没有出版，其中一部分收入诗集《和平之路》和《萧三诗选》中了。"关于信中所说的"高尔基晚会"，萧三说："不是晚会，是纪念会，是为纪念高尔基逝世三周年召开的。纪念会第二天（6月18日）

① 中共中央文献研究室编：《毛泽东文艺论集》，中央文献出版社2002年版，第257页。
② 中共中央文献研究室编：《毛泽东文艺论集》，中央文献出版社2002年版，第263页。
③ 中共中央文献研究室编：《毛泽东文艺论集》，中央文献出版社2002年版，第292页。

在中央党校礼堂举行，我请主席到会。他没能参加。"关于信中提到的"马"的问题，萧三回忆说："我刚从苏联回来时，鲁艺一些同志怂恿我给主席写信要一匹马，因为当时鲁艺院长、副院长、主任们都各有一匹，而我没有。因为困难，最后没能解决。"关于第二封信中的"诗"，萧三回忆说："这首诗大概是为'皖南事变'而作的。"关于第三封信，诗人回忆说："1945年1月边区召开劳动模范大会，我组织一些作家如罗烽、杨朔等去参加，并同劳模谈话。回来后，我写了一篇文章，题目是《第一步——从参加边区参议会及劳模大会归来》，发表在2月20日《解放日报》上。文章发表后我收到了两封信。一封是一个读者写的，另一封就是主席的来信。那个读者对我文中'到处是生活，生活处处有'这句话提出批评，说'怎么叫到处有生活？你不深入生活怎么行？'。艾思奇把信转给了我，说请我答复。这时，我刚好接到了主席这封信。于是，我就去解放日报社找到艾思奇。我对艾说，我还接到另外一封信。我拿出了主席的信。艾思奇看后笑着说'我明白了'。那封信也就没有答复。"

二、支持萧三搞街头诗

毛泽东给萧三的这三封信，其中第一封和第三封信都曾收入《毛泽东书信选集》中，而第二封没有收入，在《毛泽东论文艺（增订本）》中为首次正式公开发表。

这第二封信，文字不多，不了解背景材料，不易读懂。"报纸既不登，就在街头发表好了。"这是什么意思？是否毛泽东对萧三有些不敬？"就在街头发表"是否有点"掉价"？其实不然。对萧三来说尤其不然。抗战时期，延安广泛开展了街头诗运动。萧三是这场运动的组织者之一。高陶在《天涯萍踪——记萧三》（1991 年中国青年出版社出版）一书中，描述了当时的盛况和萧三积极组织和参与这场运动的情况。这里作一点介绍。

1938 年 8 月 7 日，边区文协战歌社（柯仲平、林山等）、西北战地服务团战地服务社（田间、邵子南等）联合发表了《街头诗歌运动宣言》。《宣言》指出，在今天开展大众街头诗（包括墙头诗）运动，不但利用诗歌作战斗的武器，同时能使诗歌走到真正大众化的道路上去。《宣言》号召，有名氏、无名氏的诗人们，不要让乡村的一堵墙，路旁的一片岩石，白白地空着，也不要让群众会上的空气呆板沉寂。写吧——抗战的，民族的，大众的！ 唱吧——抗战的，民族的，大众的！

8 月 10 日起，《新中华报》刊登了"街头诗选"。8 月 15 日，《新中华报》发表了林山的文章《关于街头诗运动》，文章分三部分：为什么提倡街头诗；街头诗在战地；街头诗运动的意义和成绩。

高陶是这样描述延安街头诗运动的：

延安到处是诗。土墙上、门窗边、石头上、树干、庭院里、敌机轰炸过的残垣上……延安的大街小巷无处不是诗。

有的同志提着标语桶，用大笔刷出诗句。有的用白粉笔、黑火炭写诗。有的手持红缨枪、腰束武装带在路边念诗。有的老太太拎着鸡蛋到集市上换纸，让识字的人去写诗……

街头诗、诗传单、诗标语、诗朗诵会。文化沟口的街头艺术台上，张贴着"街头画报"、"街头诗"、"街头小说"、"摄影新闻"以及街头教歌、街头朗诵等。它一扫延安文化之沉寂，掀起文化高潮，诗的热潮。一时延安街上墙壁上，曾张贴过300多首诗歌。毛泽东对大众诗歌很感兴趣。他于1938年1月26日，亲自参加了"战斗诗歌社"的诗朗诵会，给予诗歌爱好者以很大的鼓舞。[①]

萧三到延安不久，就把延安的诗歌力量团结在一起，组成"延安诗社"，出版了《新诗歌》。由"战斗诗歌社"和"山脉文学社"合编的《新诗歌》，于1940年9月1日创刊。萧三在《出版新诗歌的几句话》中，阐述了该刊宗旨：

延安的诗歌运动——街头诗运动，诗歌朗诵运动——开全国之风，但是"只开风气不为师"，我们还得继续充实这一运动的内容。

写诗歌要有诗歌气氛，写出来的东西要拿到群众中去读，以便接受他们的批评，然后大家乃能前进，然后能使得诗歌的声音更大，更洪亮，达到得更远。[②]

因此，"他写诗，贴在墙上，站在街上朗读，他不认为是

① 高陶：《天涯萍踪——记萧三》，中国青年出版社1991年版，第261页。
② 高陶：《天涯萍踪——记萧三》，中国青年出版社1991年版，第301页。

'不雅'"①。

由此可见，不了解这段背景材料，就不太懂得毛泽东这封信的意思，也就不太理解毛泽东的态度。当我们了解了当时的背景，前面的疑问便可迎刃而解，毛泽东热情支持街头诗运动的态度也便一目了然了。

---

① 高陶:《天涯萍踪——记萧三》，中国青年出版社 1991 年版，第 301 页。

与延安文艺家们的广泛交往

一、与文艺家们广泛接触

毛泽东与诗人、作家、艺术家、文艺理论家有广泛的接触，有许多书信来往。《毛泽东论文艺（增订本）》收入毛泽东给 30 位文艺家的关于文艺问题的信 34 封，并单独成辑，编者是有一定考虑的。诚然，有的信文字比较简单，但我们认为，它们是毛泽东文艺理论与实践的重要组成部分。其价值不仅在字内，而且也在字外。对一个文艺家、对一部文艺作品、对一个文艺活动评价如何、态度如何，虽然语句不多，但往往反映毛泽东的文艺思想，从前面所举毛泽东给萧三的三封信，就足以说明这一点；有的信，也许只是记录一件事情，但前后连贯起来，恰恰能说明许多问题。这也是 34 封书信单独成辑的主要用意所在。通读 34 封信，相信读者会有许多收获。

二、广泛征求文艺家意见，为《在延安文艺座谈会上的讲话》做准备

比较典型的是，《在延安文艺座谈会上的讲话》发表前毛泽东给欧阳山、草明的那几封信：

1942 年 4 月 9 日，毛泽东在给欧阳山的信中说："来信收到。拟面谈一次。如同意，请于今日惠临一叙，并盼与草明同志偕来。"[①]

4 月 13 日，他在《致欧阳山、草明》中说："前日我们所谈关于文艺方针诸问题，拟请代我搜集反面的意见，如有所得，祈随时赐示为盼！"[②]

在同一天，毛泽东也给萧军、罗烽、艾青等写了同样内容的信。据艾青回忆，在这之前毛泽东写信给他："有事商量，如你有暇，敬祈惠临一叙。"4 月 11 日，毛泽东与艾青谈了有关文艺方针诸问题。接到 4 月 13 日的信后，艾青将自己对文艺工作的意见写成文章寄给毛泽东。不日，毛泽东来信说："大著并来函读悉，深愿一谈，因河水大，故派马来接，如何？乞酌。"根据毛泽东等的意见，艾青对文章进行了修改，5 月 15 日以《我对目前文艺上几个问题的意见》为题，发表于《解放日报》。延安文艺座谈会后，艾又写信给毛泽东，要求到前线去。毛泽东回信说："来信收到，赞成你去晋西北，但不宜太远，因同蒲路不好过。目前这个阶段希望你待在延安，学习一下马

---

① 中共中央文献研究室编：《毛泽东文艺论集》，中央文献出版社 2002 年版，第 269 页。
② 中共中央文献研究室编：《毛泽东文艺论集》，中央文献出版社 2002 年版，第 270—271 页。

列，主要是历史唯物论，然后切实研究农村阶级关系，这个问题不搞清楚，对中国的战况总是不很明晰的。不知你意如何？此致敬礼！"在信纸的边上又加了一句："待天晴，我再约你面谈。"可惜的是，艾青保存的毛泽东给他的这些信，在"文化大革命"中都遗失了。①

4月17日《致欧阳山、草明》的信中，毛泽东说："四月十五日来信阅悉，我现在尚不能够对你提出的问题作答复，待研究一下罢。如果你们在搜集材料，那很好，正反两面都盼搜集，最好能给我一个简明的说明书，不知文艺室同志有暇为此否？"②

读了这些信，我们不难了解毛泽东为召开延安文艺座谈会作了多么充分的准备！在《讲话》发表前，他看了许多材料，写了许多信，邀请许多文艺家谈话交换意见。仅从4月13日的信中便知，4月11日这天，毛泽东就与欧阳山、草明、萧军、罗烽、艾青等谈过话，交换过意见。据艾克恩《延安文艺运动纪盛》记载，4月13日毛泽东还邀集鲁艺文学系和戏剧系的几位党员教师何其芳、严文井、周立波、曹葆华、姚时晓等到杨家岭交换了意见。因为没有出处，谈话时间是否精确不得而知，但这几天与他们谈过话应该是毫无疑问的。据高陶回忆，1942年4月18日晚，萧三应约来到毛泽东所住的窑洞。毛泽东虚心听取萧三谈文化俱乐部工作的情况、对文艺界有什么看法等，然后，他向萧三讲述了他准备在文艺界座谈会上讲话的内容，与

---

① 艾青：《漫忆四十年前的诗歌运动》，《艾青选集》第三卷，第288—291页。
② 中共中央文献研究室编：《毛泽东文艺论集》，中央文献出版社2002年版，第272页。

萧三商量，是否妥当，有什么修改意见等。萧三当即表示赞同。①

直到 4 月 27 日，文艺座谈会准备工作基本就绪，中共中央办公厅发出了 100 多份请帖。请帖是这样写的：

为着交换对于目前文艺运动各方面问题的意见起见，特定于五月二日下午一时半在杨家岭办公厅楼下会议室内开座谈会，敬希届时出席为盼。

此致

毛泽东 凯丰 四月二十七日

以上这些，对于我们了解《讲话》产生的情况，对于我们理解《讲话》精神，无疑都是很有帮助的。

关于另外一些书信，将在以下有关章节分别介绍。

---

① 高陶：《天涯萍踪——记萧三》，中国青年出版社 1991 年版，第 294—295 页。

建立新中国文艺"朋友圈"

一、全国文艺界的空前盛会

中华全国文学艺术工作者第一次代表大会（第一次全国文代会），于 1949 年 7 月 2 日—19 日在北平举行。这是自五四运动 30 年以来我国文艺工作者第一次全国规模的盛会。他们来自华北、西北、华东、华中、东北、南方等广大地区和解放军各个部队。他们中有诗人、小说家、民间艺人、戏剧电影家、画家、音乐家、舞蹈家等。这是毛泽东和党中央组织建立的新中国文艺"朋友圈"。

7 月 2 日开幕当天，朱德、林伯渠、董必武、陆定一、李济深、沈钧儒、彭泽民、蔡廷锴及工、农、妇、青代表等 30 多人到会祝贺。郭沫若致开幕词，指出，大会的任务应总结以往的经验，策划未来的方略，把文学艺术这项有力的武器，用来提高革命的敌忾，提高生产的热情。茅盾报告了大会筹备经过，冯乃超报告了代表资格的审查结果。朱德代表党中央讲话，祝贺大会召开。他在讲话中还明确指出：

"中国人民在革命斗争胜利以后，将要把主要力量用在建设方面。"①

二、提出了非常重要的新观点

在大会开幕之日，《人民日报》刊载了中共中央7月1日发给大会的贺电。这个贺电，是经毛泽东最后审定的。在审阅时毛泽东对原稿作了大量修改。因而，这个贺电，既可看作中共中央文献，也可以看作毛泽东著作之一。它体现了党中央的精神，也反映了毛泽东的思想观点。

中华全国文学艺术工作者第一次代表大会，是在人民革命已经取得基本胜利、经济建设和文化建设即将大规模进行的时刻召开的。如何总结过去、开辟未来？《贺电》作出了科学结论。

《贺电》指出，进步文艺的发展壮大依赖于"人民革命的胜利，人民政权的建立，是决定一切的"，这是因为，"如果没有人民革命的胜利，如果没有人民政权的建立，进步的文学艺术工作者就不可能有今天这样的大团结，进步的文学艺术工作就不可能在全国范围内和全体规模上获得自己的发展"。而且，"人民革命的胜利和人民政权的建立，给人民的文化教育和人民的文学艺术开辟了发展的道路"②。

那么，今后文艺工作的任务是什么呢？革命胜利后的主要任务就是发展生产和发展文化教育。文艺发展要配合其他文化教育工作，配

---

① 《文艺方针政策学习资料》，吉林人民出版社1961年版，第172页。
② 中共中央文献研究室编：《毛泽东文艺论集》，中央文献出版社2002年版，第129页。

合经济建设工作。《贺电》指出："我们中国是处在经济落后和文化落后的情况中。在革命胜利以后，我们的任务主要地就是发展生产和发展文化教育。"① "我们相信，经过你们这次大会，全中国一切爱国的文艺工作者，必能进一步团结起来，进一步联系人民群众，广泛地发展为人民服务的文艺工作，使人民的文艺运动大大发展起来，借以配合人民的其他文化工作和人民的教育工作，借以配合人民的经济建设工作。"②

7月6日下午，周恩来在中华全国文学艺术工作者第一次代表大会上作了政治报告。7点20分，当报告将要结束时，毛泽东突然来到会场，出现在主席台上。顿时会场气氛热烈。会场安静下来以后，毛泽东向代表们说："同志们，今天我来欢迎你们。你们开的这样的大会是很好的大会，是革命需要的大会，是全国人民所希望的大会，因为你们都是人民所需要的人，你们是人民的文学家、人民的艺术家或者是人民的文学艺术工作者的组织者。你们对于革命有好处，对于人民有好处。因为人民需要你们，我们就有理由欢迎你们，再讲一声，我们欢迎你们。"③ 7月7日新华社发表消息，报道了毛泽东到会讲话的情况和周恩来做报告。

7月19日大会闭幕式举行，宣告中华全国文学艺术界联合会成立，并通过了文联章程，选举产生了由郭沫若等87人组成的全国文联委

---

① 中共中央文献研究室编：《毛泽东文艺论集》，中央文献出版社2002年版，第129—130页。
② 中共中央文献研究室编：《毛泽东文艺论集》，中央文献出版社2002年版，第130页。
③ 中共中央文献研究室编：《毛泽东文艺论集》，中央文献出版社2002年版，第131页。

员会。7 月 23 日，全国文联第一次委员会推选郭沫若为主席，茅盾、周扬为副主席。

三、中国文艺重要的新起点

毛泽东和党中央提出的一个"主要任务"、一个"广泛"、两个"配合"，是一个很好的思路，应作为革命胜利后党的文艺路线的新起点。遗憾的是，在当时和以后的一段时间里，并未引起足够的重视，尤其是，从 20 世纪 50 年代末直到"文化大革命"，我们走了近 20 年的弯路，文学艺术的发展受到了很大挫折，文艺园地变成了一片沙漠。直到党的十一届三中全会以后，我们党拨乱反正，在新的历史高度上回到了这个新起点。

毛泽东的文艺 "大家范儿"

　　毛泽东的文艺博学，不仅常人不可比，一般专家也不可比。从古至今，名人名作无所不知，而且有独到见解。在他的讲话文章中，文学典故、名言名句信手拈来，且都用得恰到好处。毛泽东的文艺 "大家范儿" 倾倒无数人。

纵论中国传统文化

1958 年,《红旗》杂志第七期发表了陆定一的一篇长文《教育必须同生产劳动相结合》。发表前,毛泽东曾几次审阅和修改这篇文章,1958 年 8 月 22 日那次修改时,在 "过去几千年的教育,乃是奴隶主手中的教育、地主阶级手中的教育和资产阶级手中的教育" 那段文字中,毛泽东加写了这样一段话:

中国教育史有人民性的一面。孔子的有教无类,孟子的民贵君轻,荀子的人定胜天,屈原的批判君恶,司马迁的颂扬反抗,王充、范缜、柳宗元、张载、王夫之的古代唯物论,关汉卿、施耐庵、吴承恩、曹雪芹的民主文学,孙中山的民主革命,诸人情况不同,许多人并无教育专著,然而上举那些,不能不影响对人民的教育,谈中国教育史,应该提到他们。①

毛泽东加写的这段话文字不多,但很重要、很精辟,纵论中国文

---

① 中共中央文献研究室编:《毛泽东文艺论集》,中央文献出版社 2002 年版,第 191 页。

化古今，而且充满了辩证唯物主义和历史唯物主义的思想光辉，避免了一笔抹杀几千年中国教育和文化的偏颇。

一、"人民性"、"民主性"、"人民文化"和"对待人民的态度"

"人民性"一词，毛泽东不多用，但在这里用了。什么是"人民性"呢？我们可以从《新民主主义论》和《在延安文艺座谈会上的讲话》中得到启示。在《新民主主义论》中有这样一段话："中国的长期封建社会中，创造了灿烂的古代文化。清理古代文化的发展过程，剔除其封建性的糟粕，吸收其民主性的精华，是发展民族新文化提高民族自信心的必要条件；但是决不能无批判地兼收并蓄。必须将古代封建统治阶级的一切腐朽的东西和古代优秀的人民文化即多少带有民主性和革命性的东西区别开来。"①在《讲话》中，毛泽东指出："无产阶级对于过去时代的文学艺术作品，也必须首先检查它们对待人民的态度如何，在历史上有无进步意义，而分别采取不同态度。"②

"人民性""民主性""人民文化""对待人民的态度"显然指的是同一个意思。

值得注意的是，以上两段文字最初发表时都不是这样表述的，都是新中国成立后出版《毛泽东选集》时经毛泽东修改而成的。

在 1940 年 2 月 15 日《中国文化》创刊号刊载的《新民主主义的

---

① 中共中央文献研究室编：《毛泽东文艺论集》，中央文献出版社 2002 年版，第 30 页。
② 中共中央文献研究室编：《毛泽东文艺论集》，中央文献出版社 2002 年版，第 58 页。

政治与新民主主义的文论》中原为"民间文化"，1952年《毛泽东选集》第二卷出版时改为"人民文化"。在这里，显然用"人民文化"比用"民间文化"更确切、更科学。"民间文化"是相对于"官方文化"而言的，在封建民间文化中有大量民主性的精华，但也有封建性的糟粕，即不都是人民文化；在封建统治的官方文化中，有许多糟粕，也有许多精华，也有人民性的东西，也有属于人民文化的东西。因而，毛泽东这个修改非常科学。

《在延安文艺座谈会上的讲话》1943年10月19日最初在《解放日报》发表时，原话是这样的："无产阶级对于资产阶级的文学艺术作品，也必须排斥其反动的政治性，而只批判地吸取其艺术性。"经过修改后的表述，显然比这个表述更全面、更科学。封建的、资产阶级的文学艺术作品在政治上不是一概反动的。采取科学分析的态度，以有无人民性、民主性来判断是否属于人民文化的范畴才是马克思主义的正确观点。因而，这条修改更为重要。

从对《新民主主义论》和《讲话》的修改，到对陆定一文章的修改，反映的是毛泽东的深思熟虑的观点和历来的思想。早在1938年《中国共产党在民族战争中的地位》一文中，毛泽东就提出："从孔夫子到孙中山，我们应当给以总结，承继这一份珍贵的遗产。"①加写在陆定一文章中的一段话，正好是这句名言的展开。

---

① 《马克思主义历史理论经典著作导读》，人民出版社2013年版，第378页。

二、对中国民主文学作品的评价

毛泽东把关汉卿的《窦娥冤》等杂剧，尤其是把施耐庵的《水浒传》、吴承恩的《西游记》和曹雪芹的《红楼梦》当作民主文学，或者说有人民性，这是很深刻的。在这以前和以后的许多场合，在谈到这几个作家和这些作品时，他也说过这样的意思。

早在1936年，他在与斯诺谈到少年生活时就说过：在读私塾时，就偷偷读了中国古典小说，特别是造反的故事，如《岳飞传》《水浒传》等，还有《说唐》《三国演义》《西游记》等。[①]在毛泽东当时看来，《水浒传》《西游记》等的主题是"造反"，造反动统治者的反。这就是作品的人民性和民主性所在。毛泽东非常看重《水浒传》《西游记》思想内容的这一方面。他多次把自己带队伍上井冈山比作是"没有法子，被逼上梁山"[②]。1944年1月9日他看了京剧《逼上梁山》以后，非常高兴，深夜给杨绍萱、齐燕铭写信，向他们祝贺，祝贺他们写出了"历史是人民创造的"主题，使"旧剧开了新生面"，开创了旧剧革命的历史时期。[③]对《西游记》，毛泽东也非常看重孙悟空造反的方面。他非常欣赏孙大圣在前七回的洒脱表现。直到"晚年，他还将各种版本的《西游记》找到，对照着读"[④]。他常常拿孙悟空大闹天宫作比。毛泽东对《西游记》主题及其作者的赞赏，典型地表现在

---

① 埃德加·斯诺：《红星照耀中国》，河北人民出版社1992年版，第93、94、95页。
② 1939年7月9日在陕北公学所作的题为《三个法宝》的演讲。
③ 中共中央文献研究室编：《毛泽东文艺论集》，中央文献出版社2002年版，第278页。
④ 忻中：《毛泽东读书生活纪实》，《社会科学战线》，1981年第4期。

他的一个批示里。他曾在《西游记》第二十八回一段文字旁写了这样一段批语："'千日行善，善犹不足；一日行恶，恶常有余。'乡愿思想也。孙悟空的思想与此相反，他是不信这些的，即是说作者吴承恩不信这些。他的行善即是除恶。他的除恶即是行善。所谓'此言果然不差'，便是这样认识的。"① 1956年《西南文艺》刊登了一篇题为《试论〈西游记〉的主题思想》的文章，认为作者"借神佛妖魔讽刺揶揄当时世态，反映了封建社会的丑恶本质，借孙悟空这个英雄形象，反映了在封建统治者压迫下的中国人民，在阶级斗争中，坚持反抗，在生活斗争中征服自然，克服困难的伟大的创造能力"。毛泽东读后在这段话下面画了着重线，有的地方还画了两道。这表明他是尊重这个分析的，赞成这个观点的。

《水浒传》《西游记》并不是单纯造反的故事。在毛泽东看来，它们的前半部是写反抗，后半部是写投降。前者使毛泽东那么振奋，后者使毛泽东那样地厌恶。《水浒传》后二十回写的是宋江招安、投降。毛泽东晚年关于《水浒传》的谈话，说"《水浒》这部书，好就好在投降。做反面教材，使人民都知道投降派"，这既有偶然也有必然，既有现实因素，也是他由来已久的一个观点。对《西游记》也是如此。毛泽东对前七回大加赞赏。而对以后章节孙悟空形象的局限性，毛泽东也有明确的态度。1954年2月号《人民文学》刊登了作家张天翼的长篇论文《〈西游记〉札记》。该文认为，《西游记》之前

① 龚育之、逢先知、石仲泉：《毛泽东的读书生活》，生活·读书·新知三联书店1986年版，第205页。

关于唐僧取经的故事，所写的一边是神——高高在上的统治者，上自天界，下至地府，无不对其俯首听命；一边是魔——偏偏要从那压在头上的统治势力下挣扎出来，直立起来，甚至要造反，天兵天将去收服，魔头们便同他们恶斗起来。"这就使我们联想到封建社会的统治阶级与人民——主要是农民——之间的矛盾和斗争。……到了《西游记》，我们甚至要猜想作者是多少有意识地来表现这一点了。因为这个故事在流传过程中，老百姓已按照自己的意愿来描写、取舍和加工了。"那么，《西游记》为什么写魔头孙悟空闹了一阵天宫后又失败了，并归顺而修成"正果"了呢？文章说：究竟闹出怎样一个局面，起先连孙悟空也模模糊糊，直到如来佛问起他，他才想到玉帝的尊位——"只教他搬出去，将天宫让与我，便罢了"。可见，孙悟空的目的，也不过是把玉皇大帝改姓了孙，就像刘邦、朱元璋领导农民起义成功是为了坐上龙位一样。那是作者当时所见到的历史现实，只能如此。于是，在前七回孙悟空造反不成，只能走两条路之中的一条：要么像赤眉、黄巾、黄巢、方腊们一样，被统治阶级血腥镇压；要么像《水浒传》里所写的宋江那样，接受"招安"。《西游记》作者让孙悟空走了后一条路。毛泽东阅读了张天翼的文章后，非常赞赏该文的观点，并进一步提出：不读第七回以后的章节，不足以总结农民起义的规律和经验教训。

由此可见，毛泽东把《水浒传》《西游记》当作民主文学是有深刻道理和系统研究的。

关于民主文学，毛泽东谈论最多的还是曹雪芹的《红楼梦》。

1961 年 12 月在中央政治局常委和各大区第一书记会议上，毛泽东说：《金瓶梅》是《红楼梦》的祖宗，没有《金瓶梅》就写不出《红楼梦》。但是，《金瓶梅》的作者，不尊重女性，《红楼梦》《聊斋志异》是尊重女性的。1962 年 8 月在中央工作会议核心小组会上，他还说过：有些小说，如《官场现形记》，光写黑暗，鲁迅称之为谴责小说。只揭露，人们不喜欢看。《金瓶梅》没有传开，不只是因为它的淫秽，主要是它只暴露黑暗，虽然写得不错，但人们不爱看。《红楼梦》就不同，写得有点希望么。毛泽东的这些话，对于我们理解《红楼梦》之成为"民主文学"是很重要的。谈得更为明确的是 1962 年 1 月在七千人大会上。毛泽东在谈到西方资本主义的发展从 17 世纪开始经过了好几百年，我国要建设起强大的社会主义经济要花 100 多年的时候说："十七世纪是什么时代呢？那是中国的明朝末年和清朝初年。再过一个世纪，到十八世纪上半期，就是清朝乾隆时代，《红楼梦》的作者曹雪芹就生活在那个时代，就是产生贾宝玉这种不满意封建制度的小说人物的时代。乾隆时代，中国已经有了一些资本主义生产关系的萌芽，但是还是封建社会。这就是出现大观园里那一群小说人物的社会背景。"[1]《红楼梦》作为"民主文学"，它的"人民性"或"民主性"，表现在哪里呢？ 毛泽东在这里说得很有分寸："不满意封建制度。"仅此而已，没有夸大和拔高。不满意封建制度的什么呢？ 毛泽东着重的是作者、书中人物不满意封建制度对人的摧残，是作者、书中人物对

[1] 《毛泽东文集》（第八卷），人民出版社 1999 年版，第 300 页。

封建家族中被迫害、被侮辱和被毁灭的人们的同情，是作者、书中人物对妇女的尊重，是作者、书中人物在黑暗和丑恶中对光明和美好的向往与追求。关于毛泽东对这些方面的论述，这里不再列举。在下一节《红学"一家言"》中，将有详细论述。

1958 年 8 月 22 日，毛泽东在陆定一文章中加写关于"人民性"这段话时，在"孙中山的民主革命"一句之后，本来还写了"鲁迅的无产阶级文学"几个字，但他自己又圈掉了。这个删改也是很有道理的。因为鲁迅的思想和创作，已经属于一个新的历史阶段——无产阶级领导的人民革命的阶段了。在后面的《毛泽东与"两结合"创作方法》一节中，我们引用了龚育之同志提供的材料：毛泽东认为，中国的社会主义现实主义，以五四运动为开端，以鲁迅为最杰出的代表。可见观点的一致性。

"红学"一家言 ①

　　毛泽东很喜欢读《红楼梦》，自己反复读，也劝人反复读。他多次谈过应该怎样读《红楼梦》，龚育之同志有机会听到过一回。那是1964年8月18日在北戴河，毛泽东找几个哲学工作者谈话，除了极个别的人，还有吴江、邵铁真。根据龚育之当时的记录，毛泽东是这样说的：

　　《红楼梦》我至少读了五遍……我是把它当历史读的。开始当故事读，后来当历史读。什么人都不注意《红楼梦》的第四回，那是个总纲，还有《冷子兴演说荣国府》，《好了歌》和注。第四回《葫芦僧乱判葫芦案》，讲护官符，提到四大家族："贾不假，白玉为堂金作马；阿房宫，三百里，住不下金陵一个史；东海缺少白玉床，龙王来请金陵王；丰年好大雪（薛），珍珠如土金如铁。"《红楼梦》写四大家族，阶级斗争激烈，几十条人命。统治者二十几人（有人算了说是三十三人），其他都是奴隶，三百多个，鸳鸯、司棋、尤二姐、尤三姐等

---

① 此文1986年与龚育之同志合写。原载于《毛泽东的读书生活》一书，1986年9月9日《文汇报》全文刊发。收入本书时又作了少量增补。

等。讲历史不拿阶级斗争观点讲，就讲不通。《红楼梦》写出一百多年了，研究红学的到现在还没有搞清楚，可见问题之难。俞平伯、王昆仑，都是专家。何其芳也写了个序，又出了个吴世昌。这是新红学，老的不算。蔡元培对《红楼梦》的观点是不对的，胡适的看法比较对一点。

这段话从《红楼梦》谈到"红学"，本文也就分这样两个部分，进一步介绍毛泽东的一些有关论点，并简单地谈谈我们的看法。

一、把《红楼梦》当历史读

毛泽东对《红楼梦》评价极高。他在《论十大关系》中说过，我国"工农业不发达，科学技术水平低，除了地大物博，人口众多，历史悠久，以及在文学上有部《红楼梦》等等以外，很多地方不如人家，骄傲不起来"。[①] 这里提到《红楼梦》，固然有幽默的成分，确实也是引以为自豪。《红楼梦》足以卓立于世界文学名著之林而无逊色。如同意大利的但丁、英国的莎士比亚、法国的巴尔扎克、俄国的托尔斯泰是他们各自民族的骄傲和世界人民的骄傲一样，《红楼梦》的作者曹雪芹是我国人民也是世界人民的骄傲。

把《红楼梦》当故事读，是读小说的初浅层次。把《红楼梦》当历史读，进到了读小说的较深层次。

---

① 《毛泽东文集》（第七卷），人民出版社 1999 年版，第 43 页。

怎么叫作把《红楼梦》当历史读呢？我们体会，头一个意思是要了解《红楼梦》在怎样的历史背景下产生，《红楼梦》中的思想反映了怎样的历史进步要求。

1962年1月在扩大的中央工作会议上，毛泽东在谈到西方资本主义的发展从17世纪开始经过了好几百年的时候说："十七世纪是什么时代呢？那是中国的明朝末年和清朝初年，再过一个世纪，到十八世纪上半期，就是清朝乾隆时代，《红楼梦》的作者曹雪芹就生活在那个时代，就是产生贾宝玉这种不满意封建制度的小说人物的时代。乾隆时代，中国已经有了一些资本主义生产关系的萌芽，但是还是封建社会。这就是出现大观园里那一群小说人物的社会背景。"

1958年8月，毛泽东在审阅和修改陆定一的《教育必须与生产劳动相结合》这篇文章时，加写了这样一段话："中国教育史有人民性的一面。孔子的有教无类，孟子的民贵君轻，荀子的人定胜天，屈原的批判君恶，司马迁的颂扬反抗，王充、范缜、柳宗元、张载、王夫之的古代唯物论，关汉卿、施耐庵、吴承恩、曹雪芹的民主文学，孙中山的民主革命，诸人情况不同，许多人并无教育专著，然而上举那些，不能不影响对人民的教育，谈中国教育史，应当提到他们。"[①]

"人民性"一词，毛泽东不多用，但在这里用了。"人民性"的含义，同《新民主主义论》中用的"民主性"（吸收中国古代文化的"民主性的精华"），大致是一个意思。

---

① 中共中央文献研究室编：《毛泽东文艺论集》，中央文献出版社2002年版，第191页。

《红楼梦》作为民主文学，它的"人民性"或"民主性"，表现在哪里呢？人们对此作过许多讨论。毛泽东说得很有分寸："不满意封建制度。"仅此而已，没有夸大和拔高。不满意封建制度的什么？有很多方面，人们也有详细的论列。毛泽东着重的是作者、书中人物不满意封建制度对人的摧残，是作者、书中人物对封建家族中被迫害、被侮辱和被毁灭的人们的同情，是作者、书中人物对妇女的尊重，是作者、书中人物在黑暗和丑恶中对光明和美好的向往与追求。

毛泽东把《红楼梦》和《金瓶梅》加以比较，他说：《金瓶梅》是《红楼梦》的祖宗，没有《金瓶梅》就写不出《红楼梦》。但是《金瓶梅》的作者，不尊重女性，《红楼梦》《聊斋志异》是尊重女性的。①这对于理解《红楼梦》之成为民主文学是很重要的。他还说过："有些小说如《官场现形记》，光写黑暗，鲁迅称之为谴责小说，只揭露黑暗，人们不喜欢看，不如《红楼梦》《西游记》使人爱看。《金瓶梅》没有传开，不只是因为它的淫秽，主要是它只暴露，只写黑暗，虽然写得不错，但人们不爱看。《红楼梦》就不同，写得有点希望么。"②

把《红楼梦》当历史读的又一个意思，是要通过《红楼梦》所描写的四大家族的衰败，来了解整个封建统治阶级的衰败。

把点明金陵四大家族（贾、王、薛、史）"一损俱损，一荣俱荣"的第四回，以及《冷子兴演说荣国府》，作为《红楼梦》全书的总纲，发前人之所未发，是卓有见地的。"脂评本"第四回总批有一首七绝，

---

① 中共中央文献研究室编：《毛泽东文艺论集》，中央文献出版社2002年版，第206—207页。
② 中共中央文献研究室编：《毛泽东文艺论集》，中央文献出版社2002年版，第207—208页。

头两句是:"请君着眼护官符,把笔悲伤说世途。"这也是有识之语,但还没有用它来总括全书。在毛泽东看来,《红楼梦》全书,也就是一部四大家族衰败史。在四大家族中,《红楼梦》其实只写了一个家族——贾府。从一家看四家,从四家看代表整个封建统治阶级的百千个"大族名宦之家"。清代二知道人在《红楼梦说梦》一书里说得好:"太史公纪三十世家,曹雪芹只纪一世家。……然雪芹纪一世家,能包括百千世家。"①从贾家的衰落,可以看到封建社会灭亡的必然。

对于贾府衰败的原因,冷子兴作了评论。毛泽东有一次提到这一点。他说:《红楼梦》第二回上,冷子兴讲贾府"安富尊荣者尽多,运筹谋划者无一",讲得太过。探春也当过家,不过她是代理。但是贾家也就是那么垮下来的。②冷子兴还说过,贾府这个大家族"今日的儿孙竟是一代不如一代了"。这就是说,一个家族垮下来,首先在于这个家族的人垮了下来。安富尊荣养成一代又一代无用的膏粱纨绔。贾府的爷们,哪个不是如此!唯一一个有思想、有才华、有个性的,却是这个家族和这个制度的逆子——贾宝玉。这样的家族,这样的阶级,还能有什么前途呢?

曹雪芹笔下的贾宝玉是封建家族的逆子,并不说明曹雪芹主观上要反对封建制度。毛泽东说:曹雪芹在《红楼梦》里还是想"补天",想补封建制度的"天"。但是《红楼梦》里写的却是封建家族的衰落,

---

① 一粟编:《古典文学研究资料汇编·红楼梦资料汇编》第3卷,中华书局1964年版,第102页。

② 中共中央文献研究室编:《毛泽东年谱(一九四九——一九七六)》第五卷,中央文献出版社2013年版,第218页。

可以说是曹雪芹的世界观和他的创作发生矛盾。① 这个分析，很容易让我们想起恩格斯评论巴尔扎克的话："他就看出了他所心爱的贵族的必然衰落而描写了他们不配有更好的命运……这一切我认为是现实主义最伟大的胜利之一。"②

把《红楼梦》当历史读，还有一个意思，是要通过《红楼梦》来形象地了解中国封建社会的生活。

早在 1938 年，毛泽东在鲁迅艺术学院的一次讲演中就指出：《红楼梦》这部书，现在许多人鄙视它，不愿提到它，其实《红楼梦》是一部很好的小说，特别是它有极丰富的社会史料。③1965 年，毛泽东曾对他的表孙女王海容说过：你要不读一点《红楼梦》，你怎么知道什么叫封建社会？④ 刘少奇有一次同毛泽东谈话，刘少奇说：《红楼梦》讲到很细致的封建社会情况。毛泽东也说：《红楼梦》"写的是很细致的、很精细的社会历史"。⑤

要了解中国封建社会，当然要读理论书，这些书可以帮助我们从政治、经济、文化各方面对封建社会作科学的分析；当然要读历史书，这些书可以帮助我们了解封建社会的许多历史事实。但是，读这些都还不够。还要读《红楼梦》这类描写封建社会生活面貌的文艺作品，这样才能使我们对封建社会得到许多细致的、生动的、形象的了解，

① 《毛泽东文集》（第八卷），人民出版社 1999 年版，第 393 页。
② 中国作家协会、中国编译局编：《马克思恩格斯列宁斯大林论文艺》，作家出版社 2010 年版，第 22 页。
③ 《毛泽东文集》（第二卷），人民出版社 1999 年版，第 123 页。
④ 孙东升、马京波：《毛泽东的读书之道》，人民出版社 2014 年版，第 201 页。
⑤ 中共中央文献研究室编：《毛泽东文艺论集》，中央文献出版社 2002 年版，第 206 页。

而这些，从理论书和历史书中是不容易得到的。

关于封建社会的生活，毛泽东首先着眼的是阶级斗争。《红楼梦》反映封建社会的阶级斗争，有它的局限性。它没有直接描写农民和他们的斗争。它主要写了封建大家族的内部及其周围的社会生活中的各种不同性质和情况的阶级斗争。毛泽东要人们注意对贾府的人口作阶级的分析。30 多个主子，300 多个奴隶，他们之间既有鲜明的阶级分野，又处在极其复杂交错的阶级关系之中。毛泽东要人们注意对书中令人瞩目的几十桩人命案件作阶级分析，这些人命案件也有不同的性质和情况，但都暴露了封建统治的残忍和罪恶。简单地贴阶级标签是不能深入历史的，但分析历史、分析《红楼梦》描写的人物和事件的钥匙，的确是阶级分析。离开这个钥匙，离开历史唯物主义，的确不可能分析清楚。

同时，毛泽东注意的，也不只是阶级斗争。比如：他注意到了《红楼梦》里反映出来的中国封建社会土地买卖的问题。他说过：我国很早以前就有土地买卖。《红楼梦》里有这样的话："陋室空堂，当年笏满床。衰草枯杨，曾为歌舞场。蛛丝儿结满雕梁，绿纱今又在篷窗上。"这段话说明了在封建社会里，社会关系的兴衰变化，家族的瓦解和崩溃。这种变化造成了土地所有权的不断转移，也助长了农民留恋土地的心理。①

他注意到了《红楼梦》里反映出来的中国封建家长制的动摇。他

---

① 中共中央文献研究室编：《毛泽东年谱（一九四九──一九七六）》第四卷，中央文献出版社 2013 年版，第 253 页。

说过：我国家长制度的不能巩固早已开始了。《红楼梦》中就可以看出家长制度是在不断分裂中。贾琏是贾赦的儿子，不听贾赦的话。王夫人把凤姐笼络过去，可是凤姐想各种办法来积攒自己的私房。荣国府的最高家长是贾母，可是贾赦、贾政各人又有各人的打算。①

　　总之，把《红楼梦》当历史读，这是读小说的一个重要的视角，一个高明的视角。马克思主义者读《红楼梦》这样的小说，尤其不能忽视这个视角。恩格斯就是这样读小说的。他说过，巴尔扎克"在《人间喜剧》里给我们提供了一部法国'社会'特别是巴黎'上流社会'的卓越的现实主义历史，他用编年史的方式几乎逐年地把上升的资产阶级在一八一六年至一八四八年这一时期对贵族社会日甚一日的冲击描写出来，……在这幅中心图画的四周，他汇集了法国社会的全部历史，我从这里，甚至在经济细节方面（如革命以后动产和不动产的重新分配）所学到的东西，也要比从当时所有职业历史学家、经济学家和统计学家那里学到的全部东西还要多"②。列宁也是这样读小说的，他说过"托尔斯泰是俄国革命的镜子"③。这不就是把巴尔扎克、托尔斯泰的小说当作历史读吗？

　　但是，我们也不要把这个重要的视角当作唯一的视角，而排斥其他。比如，艺术的视角，人物塑造和语言运用的视角，以至版本的沿

---

① 中共中央文献研究室编：《毛泽东文艺论集》，中央文献出版社 2002 年版，第 206 页。

② 《致玛·哈克奈斯（1888 年 4 月初）》，《马克思恩格斯选集》第 4 卷，人民出版社 2012 年版，第 590—591 页。

③ 《列夫·托尔斯泰是俄国革命的镜子》，《列宁选集》第 2 卷，人民出版社 1972 年版，第 369 页。

革、作者及其身世的考证，同外国作品的比较等，也都是阅读《红楼梦》，特别是研究《红楼梦》必不可少的视角。在各自的视角里，都可以有所发现，作出有价值的研究。各种视角的综合，才能对《红楼梦》作出全面的研究。

这里还要提到，毛泽东自己，也不是只限于历史这一个视角。他对《红楼梦》中人物的塑造和语言的运用也很欣赏。他多次谈到凤姐这个人物写得好。他在文章和谈话中经常引用《红楼梦》中的故事和语言，并同我们的现实生活联系起来。例如：在"三反"的时候，用"贾政做官"的故事，来教育共产党员干部警惕受人包围；在1957年3月1日最高国务会议的结束语中，用王熙凤对刘姥姥说的"大有大的难处"来说明大国的事情也并不那么好办；在1957年的宣传工作会议上，用王熙凤说过的"舍得一身剐，敢把皇帝拉下马"来鼓励立志改革的志士仁人；在访苏的时候，用林黛玉说的"不是东风压倒西风，就是西风压倒东风"来比喻国际形势；在1958年召开的成都会议上，用小红说的"千里搭长棚，没有不散的筵席"来说明聚散的辩证法和"没有一件事情不是相互转化的"。毛泽东要求理论文章、政治演说也要注意创造"新鲜活泼的、为中国老百姓所喜闻乐见的中国作风和中国气派"，而引用中国文学作品中的人物、故事、语言是途径之一。《红楼梦》大概是毛泽东最常引用的。这也是毛泽东读《红楼梦》的一个特点。

二、对"红学"作历史的评价

毛泽东在北戴河的谈话谈到新旧"红学",虽然语焉不详,但为对"红学"的发展作出历史的评价,勾画了一个轮廓。"红学"研究大体分为三个阶段:"旧红学";由胡适、俞平伯在 20 世纪 20 年代开创的"新红学";新中国成立以后用马克思主义研究《红楼梦》的"新红学"。"红学"从何时算起? 也许可以说,从有《红楼梦》,就开始有"红学",脂砚斋是第一个"红学家",显然由于它和曹雪芹关系亲近,读到过曹雪芹在不断增删中的草稿(包括后来佚散的那部分稿子),并且与闻了《红楼梦》的创作,"脂评"本身已经成为"红学"研究的对象。以后还有许多评点派的红学家,这里就不去说他们了。蔡元培是新文化运动的一名先驱,作为红学家,却是"旧红学"的最后一名代表。蔡元培属于"索隐派"。"索隐派"用小说中的人物去附会历史上实有的人物,比如说,"金陵十二钗"写的是明末清初江南的十二个名士(都是男的!)。这是荒唐的。毛泽东说"蔡元培对《红楼梦》的观点是不对的",就是指"索隐派"而言。胡适批评"旧红学",建立"新红学"。毛泽东说"胡适的看法比较对一点",这是对以胡适、俞平伯为代表的"新红学"的历史作用的积极评价。"新红学"的研究工作主要在三方面:《红楼梦》作者的考证;《红楼梦》版本的考证;对《红楼梦》思想和艺术的评论。前两方面的工作有开拓性的意义,至今还在延展之中。"新红学"对《红楼梦》的思想和艺术的评论有两个著名论点,一曰《红楼梦》是作者曹雪芹的自传,一曰《红楼梦》的风格是怨而不怒。这里面有合理的因素，也有许多可批评的东西。

1954 年，山东大学《文史哲》月刊第九期发表了李希凡、蓝翎的文章《关于〈红楼梦简论〉及其他》。不久，在 10 月 10 日《光明日报》上又发表了他们的《评〈红楼梦研究〉》。这两篇文章都是批评俞平伯对《红楼梦》的思想和艺术的评论。毛泽东详细阅读了这两篇文章，杠杠、圈圈画满了全篇，还写了一些批注。他在批语中称《关于〈红楼梦简论〉及其他》是 "很成熟的文章"，在李希凡、蓝翎的名字下批注道："青年团员，一个 22 岁，一个 26 岁"；在文章的第四、第五点处毛泽东也画了问号。在《评〈红楼梦研究〉》一文中，作者提到了贾府衰败的原因："这样的豪华享受单依靠向农民索取地租已不能维持，唯一的出路只有大量地借高利贷，因而它的经济基础必然要走向崩溃。"毛泽东批注："这一点讲得有缺点。"1954 年 10 月 16 日，毛泽东给中央政治局同志和其他有关同志写了一封信，即大家都知道的那封引起轩然大波的《关于〈红楼梦〉研究问题的信》。由于这封信，在文艺界、学术界开展了对俞平伯的《红楼梦》研究的批评，并发展到对胡适的政治、学术和哲学观点的全面批判。

平心而论，李希凡、蓝翎的文章提出了一个用马克思主义历史唯物主义观点研究《红楼梦》和评价以往的 "红学" 研究的新问题、新任务。如果说 "红学" 史上的第一次飞跃，是 20 世纪 20 年代以胡适、俞平伯为代表的考证派 "新红学" 的建立；那么，"红学" 史上的第二次飞跃，应该说是 50 年代以李希凡、蓝翎为开端的用马克思主义历史唯物主义观点来研究《红楼梦》的"新红学"的建立。但是，学术批评搞成了政治运动，声势压人代替了说理论争。这就不利于对以前的"红学"作全面的、有分析的历史评价。这个历史教训是需要认真汲取的。

应当指出，1956 年 5 月 26 日陆定一在中南海怀仁堂作报告，代表中共中央向知识界宣布"百花齐放、百家争鸣"的方针。在这个报告中，陆定一特别讲到两年前对俞平伯《红楼梦》研究的批评。他说："俞平伯先生，他政治上是好人"，对他的批评是有错误和缺点的，"当时确有一些批判俞先生的文章是写得好的。但是有一些文章则写得差一些，缺乏充分的说服力量，语调也过分激烈了一些。至于有人说他把古籍垄断起来，则是并无根据的说法。这种情况，我要在这里解释清楚"①。

1986 年 1 月，中国社会科学院文学研究所召开了庆贺俞平伯从事学术活动六十五周年会议。中国社会科学院院长胡绳在会上讲话。他说："早在 20 年代初，俞平伯先生已开始对《红楼梦》进行研究，他在这个领域里的研究具有开拓性的意义。对于他研究的方法和观点，其他研究者提出不同的意见或批评本来是正常的事情。但是 1954 年下半年因《红楼梦》研究而对他进行政治性的围攻是不正确的。这种做法不符合党对学术艺术所应采取的'双百'方针。《红楼梦》有多大程度的传记性成分，怎样评估高鹗续写的后四十回，怎样对《红楼

① 《百花齐放·百家争鸣》，《人民日报》，1956 年 6 月 13 日。

梦》作艺术评价,这些都是学术领域内的问题,这类问题只能由学术界自由讨论。"①应该说,关于那场批判的是非,已经有了明确的历史结论。

对于毛泽东在北戴河谈话中谈到的其他几位红学家,下面作一些简单介绍。

吴世昌,是当时刚从英国回国不久的一位红学家。他的研究主要也在版本和作者的考证方面,但在这方面的许多具体问题上,他同胡适的观点有尖锐分歧。

王昆仑,是著名的政治活动家。他的《红楼梦人物论》一书脍炙人口,所以他同时又成为引人瞩目的红学家。他的这部人物论,写在全国解放以前,那时重新修订,逐篇在《光明日报》上登载,显然已引起了毛泽东的注意和兴趣。

何其芳,当时是文学研究所所长,他为人民文学出版社出版的新版《红楼梦》写了一篇长序,是用马克思主义观点研究《红楼梦》的一篇力作。他在许多问题上与李希凡的观点有分歧。这说明马克思主义的研究者之间,在学术问题上也要进行百家争鸣。

毛泽东在这次谈话中,把所有这些红学家,从胡适到何其芳,都称为"新红学家",对他们的"红学"研究给予不同程度的积极评价。当然在他看来,从马克思主义的阶级斗争的观点来研究《红楼梦》的工作,还做得不够,所以许多问题还没有搞清楚。他积极提出自己对

① 《文学评论》,1986年第2期。

《红楼梦》的基本观点，这也是参加百家争鸣。只有在百家争鸣的民主的和谐的气氛中，以马克思主义为指导来研究《红楼梦》，而又容纳各种层次和各个方面的研究，允许和鼓励各种不同观点之间的平等批评和自由讨论，才能促进"新红学"的健康发展。

"文化大革命"后期，曾经掀起了一个所谓的"评红"的热潮。这期间传出了毛泽东对《红楼梦》的若干说法，如说《红楼梦》不是爱情小说，而是政治小说，写爱情是为了掩盖政治。这显然是偏颇之论，并且被一些别有用心的人利用了。那是"红学"研究在一个不正常的政治环境下出现的不正常现象，这里就不予介绍和评论了。

平息使用模特儿风波

一、"四清"中风波乍起，毛泽东批示平息

由于两千年封建思想的影响，绘画使用模特儿问题在我国很长时间内存有争议。一直到 20 世纪六七十年代，不要说普通百姓，就是在各级干部中乃至宣传、文化部门的负责人中，也有不同意见。"四清"运动中，更是上升为政治问题，提出为什么不到田间地头画农民、不到车间工厂画工人，而在画室画裸体的责难，进而将使用模特儿作为"资产阶级的腐朽东西"加以批判和禁止。

1965 年 5 月 12 日，闻一多之子、中央美术学院教师闻立鹏和王式廓、李化吉写信，反映废除模特儿制以后教学活动遇到的困难、问题和他们的建议。信中包括四方面内容：

（1）资产阶级艺术教育体系必须彻底批判。模特儿写生是这个技术训练体系的核心，因此，针对当时的具体情况，废除模特儿制的决定的基本革命精神是可以理解的。

（2）无产阶级在建立和完备自己的艺术教育体系中，可以批判继承旧传统中的某些合理因素，模特儿写生作为解决美术基本功的初步训练方法，是可以批判继承的。

（3）真人（模特儿）写生是美术基本功训练的重要方法，因此反对为技术而技术，并不否定画真人习作。为了深入研究人体的运动、结构、比例、造型，至少在油画专业（雕塑专业）应该有一定比例的人体习作。

（4）废除模特儿制以后，在教学活动中已经遇到了不少困难，应届毕业生的创作质量有可能因此受到影响。建议在"四清"第四阶段中，发动群众进行民主讨论，经过反复试验，使新的艺术教育体系稳定地建立起来，完备起来。

后来此信转给了毛泽东。

1965 年 7 月 18 日，毛泽东在这封信上作了批示："定一、康生、恩来、少奇、小平、彭真同志：此事应当改变。画男女老少裸体 Model 是绘画和雕塑必须的基本功，不要不行，封建思想，加以禁止，是不妥的。即使有些坏事出现，也不要紧，为了艺术学科，不惜小有牺牲。请酌定。"① 毛泽东以开放的思想和科学的态度批评了禁止使用模特儿的做法，支持了闻立鹏等同志的观点。

---

① 中共中央文献研究室编：《毛泽东文艺论集》，中央文献出版社 2002 年版，第 229—230 页。

二、"文化大革命"初风波又起，毛泽东再次批示

毛泽东的这个批语及闻立鹏等同志的信，曾在《内部资料》刊载。尽管毛泽东作了批示，但不同的看法依然存在，包括当时的中共中央宣传部副部长张际春同志，就明确表示不赞成画裸体模特儿。可见阻力之大。这本来也应该是允许的，但在"文化大革命"中，这"不同看法"就被说成"反对毛主席"，而形成很大压力。为此，1967年7月27日张际春写信给毛泽东并党中央，说明他对使用裸体模特儿的意见和对1965年毛泽东那次批示的讨论情况。一方面表明他并非"反对毛主席"，另一方面表示仍然坚持自己原来的看法。毛泽东阅后于1967年8月4日作了如下批示："画画是科学，就画人体这问题说，应走徐悲鸿素描的道路，而不走齐白石的道路。"①

这就是关于使用模特儿的风波。这场风波已经成为历史。事实说明，解放思想、大胆吸收和借鉴外国优秀文化传统绝非易事。而毛泽东1965年和1967年两个批示所体现的科学态度和科学精神，是值得我们认真学习的。

---

① 中共中央文献研究室编：《毛泽东文艺论集》，中央文献出版社2002年版，第230页。

阻止对电影《创业》的批判

1975年第四届全国人民代表大会后，周恩来病重，邓小平在毛泽东支持下，实际上开始主持中央日常工作，随后进行政策调整和各方面整顿。7月毛泽东两次谈到文艺问题。一是7月初，毛泽东指出："样板戏太少，而且稍微有点错误就挨批。百花齐放都没有了。别人不能提意见，不好。"二是7月14日，毛泽东作了关于文艺问题的书面谈话，指出："党的文艺政策应该调整一下，一年、两年、三年，逐步扩大文艺节目。缺少诗歌，缺少小说，缺少散文，缺少文艺评论。"

2月，江青、张春桥、姚文元对反映大庆工人艰苦创业的电影《创业》大加指责，指使文化部于3月10日提出报告，给《创业》加上了"在政治上、艺术上都有严重错误"的"十条意见"，并且停止在全国放映，组织批判。

7月18日，长春电影制片厂编剧、《创业》作者张天民分别给毛泽东和邓小平写信，对江青和文化部核心小组批判故事片《创业》"在政治上、艺术上都有严重错误"的"十条意见"提出不同的看法，并建议重新上演。

一、邀请眼科大夫一起看《创业》

毛泽东本来眼睛不好，这一年春节后刚刚做了白内障手术。收到张天民的来信后，毛泽东调看了电影《创业》，并邀请为他做白内障手术的唐由之大夫观看了此片。7 月 25 日，毛泽东写了如下批语："此片无大错，建议通过发行，不要求全责备，而且罪名有十条之多，太过分了，不利调整党的文艺政策。"①

二、一个反复写了几遍的批示

这个批示出自《关于电影〈创业〉的批示》，在《毛泽东论文艺（增订本）》上首次正式公开发表，但内容早已为广大读者所熟知。这是毛泽东支持邓小平、批驳"四人帮"的一个典型事例。需要说明的是，过去一般认为，这个批示是写在来信上的：其实是另纸专写，而且反反复复、修修改改用了几张纸。这反映了重病在身的毛泽东在当时写字已经非常困难，更说明这个批示是经过毛泽东认真思考和反复斟酌的。

这一年，毛泽东还过问了小说、戏剧、电影的创作，批准了关于研究和出版鲁迅著作的建议，批准出版《诗刊》《人民文学》等文

---

① 中共中央文献研究室编：《毛泽东文艺论集》，中央文献出版社 2002 年版，第 234 页。

艺、学术刊物，批准纪念人民音乐家聂耳、冼星海；邓小平批准解放了一批被江青等作为"毒草"而禁锢的电影。总之，在邓小平主持工作的这段时间内，由于毛泽东对"四人帮"一定程度的抑制，由于以邓小平为代表的中央政治局和国务院许多领导同志的共同努力和斗争，同其他领域一样，1975年文艺界的形势明显好转。

对韩愈、李商隐的评价

一、以诗会友，与专家谈诗论词

毛泽东是一位富有诗人气质的政治领袖。他以余事作诗人，他的诗词创作成就为举世所公认。而这些成就的取得，与他一生酷爱中国古典诗词密不可分。毛泽东对中国古典诗词涉猎广博，上起《诗经》，下至明清，直至鲁迅诗词。据曾在中南海毛泽东故居图书管理小组工作过的张贻玖同志统计，经毛泽东圈画批注过的古诗有 1180 首、词 378 首、曲 12 首、赋 20 首，总计 1590 首，诗人 429 位。这只是对中南海故居图书的粗略统计，而且是剔除了重复的统计。至于毛泽东读过而未留下印记的或散失在各地的诗词究竟有多少，一时很难统计。[①]

毛泽东阅读最多的，也是最喜欢的是唐诗，尤其是"三李"（李白、李贺、李商隐）的诗。

---

① 张贻玖：《毛泽东和诗》，中央文献出版社 1998 年版。

毛泽东的诗词成就和他对中国古典诗词的深入研究，使他能够以诗会友，使他能与专家谈诗论词。从《毛泽东论文艺（增订本）》中，也可窥见一斑。前面已经谈到他与诗人萧三的交往，增订本还选收了毛泽东给诗人郭沫若、柳亚子、臧克家、陈毅等的信，选收了他给古典文学专家刘大杰的信；另外，还选收了毛泽东书写王勃《秋日登洪府滕王图饯别序》句手迹、书写鲁迅《无题》诗手迹和毛泽东诗词《沁园春·雪》《忆秦娥·娄山关》的手迹。

毛泽东在《致陈毅》（1965 年 7 月 21 日）和《致刘大杰》（1976年 2 月 12 日）中，谈到了对唐代诗人韩愈和李商隐的评价。这从一个侧面反映了毛泽东在这方面的深厚造诣。

二、对李商隐诗的特殊喜爱

李商隐是毛泽东喜爱的"三李"诗人之一。毛泽东对李商隐的政治诗、咏史诗和无题诗尤为欣赏，圈画较多，且能背诵不少佳作。

李商隐的政治诗，反映重大政治事件深刻，抨击宦官专权大胆，反对藩镇割据强烈，表现进步理想和远大抱负义正词严、顿挫沉郁。如，反映"甘露之变"的《有感二首》和《重有感》，毛泽东曾多次圈画。

李商隐的咏史诗，借古喻今，有讽有叹。如，考试失利后所写《安定城楼》一诗，毛泽东多次圈读，并曾称赏"永忆江湖归白发，欲回天地入扁舟"一联；如，《贾生》一诗"宣室求贤访逐臣，贾生才调更无伦。可怜夜半虚前席，不问苍生问鬼神"，毛泽东多次圈画，并曾书录；又如《北齐二首》《隋宫》等，毛泽东也多次圈画；《马嵬》是一首写安史之乱、唐明皇赐死杨贵妃的咏史诗，据周谷城回忆，有一次毛泽东请他到中南海书房谈古论今，一起游泳，兴之所至，周谷城随口背诵《马嵬》一诗，但背到最后两句时，突然忘记，背不上来了。这时毛泽东很自然地接口补诵："如何四纪为天子，不及卢家有莫愁。"

无题诗是李商隐的独特创作，缠绵悱恻，间有寄托，有感人的艺术魅力。《无题》："相见时难别亦难，东风无力百花残。春蚕到死丝方尽，蜡炬成灰泪始干。晓镜但愁云鬓改，夜吟应觉月光寒。蓬山此去无多路，青鸟殷勤为探看。"毛泽东在这首诗的标题上连画三个圈，圈画过五遍，并曾手书此诗，可见非常欣赏。对《无题二首》中的"身无彩凤双飞翼，心有灵犀一点通"，《无题四首》中的"春心莫共花争发，一寸相思一寸灰"等著名诗句，毛泽东画着大圈、小圈，流露出极为欣赏的心情。对李商隐的无题诗，一向有不同解释，对诗话中对无题诗的各种不同解说，毛泽东亦有多处圈画。如以首句前两字命名、其宗也属无题诗类的《锦瑟》："锦瑟无端五十弦，一弦一柱思华年。庄生晓梦迷蝴蝶，望帝春心托杜鹃。沧海月明珠有泪，蓝田日暖玉生烟。此情可待成追忆，只是当时已惘然。"毛泽东多次圈画此诗，还曾书录，并且批阅过解释此诗的多种诗话。

三、对韩愈诗的深刻见解和客观评价

对于韩愈的诗，也是历来有争议的。毛泽东对韩愈的作品也非常熟悉，许多诗词都留下了他圈画的印记，而且他对韩诗有深刻的见解和客观的评价。

毛泽东早在学生时代就攻读过《韩昌黎集》；晚年作词，还化用过韩愈诗句，其中所作《满江红》词"蚍蜉撼树谈何易"句，就是从韩诗《调张籍》"蚍蜉撼大树，可笑不自量！"化出；毛泽东曾手书韩愈诗《次潼关先寄张十二阁老使君》："荆山已去华山来，日出潼关四扇开。刺史莫辞迎候远，相公新破蔡州回。"在给陈毅的信中，他指出："韩愈以文为诗；有些人说他完全不知诗，则未免太过，如《山石》《衡岳》《八月十五酬张功曹》之类，还是可以的。"①

四、给刘大杰的复信

20 世纪六七十年代，毛泽东同复旦大学中文系教授刘大杰也两次谈过对李商隐和韩愈的评价。刘大杰的《中国文学发展史》是一部较有影响的著作。

结合"评法批儒"的政治形势，刘大杰决定再次修改《中国文学发展史》。1975 年 8 月，他给毛泽东写了一封信，就如何评价韩愈和李商隐的诗，谈了自己的看法。在"抑韩（愈）扬柳（宗元）"的

---

① 中共中央文献研究室编：《毛泽东文艺论集》，中央文献出版社 2002 年版，第 334 页。

同时，他也认为，韩愈虽非法家，但也不是醇儒，不能一概否定。毛泽东于 1976 年 2 月 12 日写了复信，信中说："我同意你对韩愈的意见，一分为二为宜。李义山无题诗现在难下断语，暂时存疑可也。奉复久羁，深以为歉，诗词与论，拜读欣然，不胜感谢。"[①] 这是目前为止发现的毛泽东的最后一篇文艺文稿。这篇文稿反映了他对韩愈和李商隐的一贯看法。

毛泽东一生酷爱中国古典文学，直到逝世，床上还堆满了这方面的书。在生命垂危之际，在病魔缠身和患严重老年性白内障的情况下，他还仔细阅读了刘大杰的来信和作品，还在思考古典文学研究问题，并复了信。这着实令人起敬。

---

① 中共中央文献研究室编：《毛泽东文艺论集》，中央文献出版社 2002 年版，第 338 页。

毛泽东的文艺"思想脉"

毛泽东的文艺思想发展脉络也不是笔直的，有一个曲折发展的过程。如果延安时期的毛泽东文艺思想成果用"创立形成期"来概括，那么，新中国成立之初就是"创新发展期"，而20世纪50年代末以后就进入了"曲折发展期"。

毛泽东文艺思想形成以前的探索

这个时期主要是指从五四运动到中国文艺协会成立前这一阶段。

一、马克思主义与中国文艺运动结合的发端——五四运动

五四运动，促进了马克思主义思想在中国的传播，是马克思主义与中国文艺运动实践相结合的开端。

五四运动爆发前，中国知识界就出现了一个思想启蒙运动——新文化运动。这个运动，是在辛亥革命失败以后内忧外患交迫、第一次世界大战期间中国新的阶级力量有所增强，而旧文化和旧思想又严重地阻碍着民族意识的觉醒的情况下发生的。运动的发起者，是一批接受了西方新思潮影响的先进知识分子，主要有陈独秀、李大钊、胡适、鲁迅等人。1915年9月创刊于上海的《新青年》(第一卷原名《青年杂志》)是适应这一启蒙运动要求而诞生的一个重要刊物，是这一启蒙运动的主要阵地。《新青年》反对封建专制提倡民主和科学、反对旧思想旧道德提倡新思想新道德、反对文言提倡白话、反对旧文学

提倡新文学。这个启蒙运动，后来在马克思主义思想得到传播的条件下，转化为具有伟大历史意义的五四运动。《新青年》仍为主要阵地。

1917 年苏联十月革命帮助了中国的先进分子，使他们中的一部分人由急进的民主主义者转变为具有初步共产主义思想的知识分子。这些人开始用无产阶级的世界观重新认识国家的命运，考虑民族的出路。他们的注意力由资本主义的西方转向了社会主义的苏联。他们努力接受和传播共产主义思想。其中李大钊是杰出代表。他的《法俄革命之比较》《庶民的胜利》《布尔什维主义的胜利》，标志着中国展开科学社会主义宣传有了良好的开端，为新文化运动注入了崭新的思想内容。《新青年》自第四卷第五号（1918 年 5 月）起完全改用白话文，白话文诗作增多，尤其是鲁迅小说《狂人日记》的发表，标志着新文化运动由理论宣传发展到了创作实践的新阶段。

1919 年五四运动爆发，又反过来促使新文化运动深入发展。经过五四运动，新文化运动的声势进一步扩大，以各种实际行动参加或支持新文化运动的知识分子越来越多，新的社团、报刊风起云涌。马克思主义思想宣传，促进了马克思主义和中国工人运动的结合，也促进了马克思主义和中国革命文艺运动的结合。

二、马克思主义与中国文艺结合迈出的重要一步——左翼文艺运动的兴起

五四运动以后，在无产阶级的影响下，革命民主主义的作家的创

作，取得了突出的成就，尤其是鲁迅的《呐喊》《彷徨》、郭沫若的《女神》等产生了广泛的影响。但就总体而言，无产阶级文学尚处于萌芽时期。到1928年，无产阶级革命文学作为口号提出而且形成运动，这是一个重大的进步，表明进步文艺家开始自觉地把自己的文艺活动同无产阶级领导的革命斗争联系起来。1930年，中国左翼作家联盟（"左联"）的成立，是无产阶级及其先锋队——中国共产党对中国革命文艺事业领导加强的标志。"左联"在创作上、理论上所作的许多摸索以及对外国无产阶级文学理论的介绍，虽然其中也走了弯路，但总的说来，在马克思主义与中国文艺结合上，迈出了重要的一步。鲁迅在"左联"成立大会上的讲话等一系列文章以及他翻译的卢那察尔斯基和普列汉诺夫的文艺论著，瞿秋白的《大众文艺的问题》等以及他翻译的《"现实"——马克思主义文艺论文集》《列宁论托尔斯泰》等，为马克思主义文艺理论与中国文艺实践相结合作出可贵的贡献。

三、革命文艺与革命群众、革命战争紧密结合的先导——革命根据地的文艺运动

1927年大革命失败后，中国共产党领导土地革命，开始在敌人统治力量比较薄弱的农村建立革命根据地。随着革命根据地的扩大，以革命的文艺宣传为主的革命根据地的文艺运动也开展起来。1929年，毛泽东草拟了古田会议决议案。决议的第四部分对宣传工作作了全面系统的规定和论述，其中包括：指示各政治部负责征集并编制表现各

种群众情绪的革命歌谣；充实军政治部宣传科的艺术股；在部队中，以大队为单位在士兵会内建设俱乐部，提倡利用文艺形式进行娱乐活动；等等。1933年，《红色中华》增辟文艺副刊《赤焰》，号召通讯员和读者要"创造中国工农大众文艺的报告文学"，"努力地去把苏区工农群众的苏维埃生活实际，为苏维埃政权而英勇斗争的光荣历史事迹，以正确的政治观点与立场在文艺的形式中写出来"。1934年年初，瞿秋白从上海来到革命根据地，担任中华苏维埃政府人民教育委员，兼管艺术局工作。在他的直接领导下，颁布了《苏维埃教育法规》，其中包括《工农剧社简章》《高尔基艺术学校简章》《苏维埃剧团组织法》《俱乐部纲要》等，明文规定了各个组织的方针任务，从而使革命根据地文艺更加趋向组织化、革命化、群众化。

总体来说，无论是在国民党反动派统治区的文化中心城市还是在党领导的革命根据地，党都已经开始关注和领导革命的文艺运动，但还没有提出一套自己的文艺方针和理论。毛泽东思想作为马克思主义中国化的第一次飞跃，在20世纪20年代末30年代初开始形成，其代表作是毛泽东1925年的《中国社会各阶级的分析》、1927年的《湖南农民运动考察报告》、1928年的《中国的红色政权为什么能够存在？》和《井冈山的斗争》、1929年的《关于纠正党内的错误思想》、1930年的《星星之火，可以燎原》和《反对本本主义》，等等。这些都是政治著作、哲学著作、军事著作，那时毛泽东还没有关于文艺问题的著作。尽管毛泽东非常熟悉中国传统文艺，也已经开始关注革命文艺运动，但作为科学体系的毛泽东文艺思想，较之哲学思想、政治思想、军事思想，形成要晚些。这与当时的革命斗争实际和毛泽东个人的关注重心有关。哲学思想是理论的基础，武装斗争、政治斗争是压倒一切的实践任务。在这种情况下，毛泽东还不大可能拿出很多精力研究文艺工作、写文艺理论著作。

毛泽东文艺思想开始形成

这个阶段，主要是指从《在中国文艺协会成立大会上的讲演》发表到《新民主主义论》发表这一段时间。

1935 年 1 月，中央政治局在长征途中举行遵义会议，事实上确立了毛泽东同志在党中央和红军的领导地位，开始确立以毛泽东同志为主要代表的马克思主义正确路线在党中央的领导地位，开始形成以毛泽东同志为核心的党的第一代中央领导集体，开启了党独立自主解决中国革命实际问题新阶段，在最危急关头挽救了党、挽救了红军、挽救了中国革命，并且在这以后使党能够战胜张国焘的分裂主义，胜利完成长征，打开中国革命新局面。这在党的历史上是一个生死攸关的转折点。

一、毛泽东《在中国文艺协会成立大会上的讲演》发表

1936 年 11 月 22 日，党领导下的第一个全国性文艺团体——中国文艺协会，在陕西保安县（现志丹县）成立了。成立协会的目的，

是联络各地的文艺团体、各方面的文艺家，以及一切对文艺有兴趣者，在抗日统一战线的目标下，共同推动新的文艺工作，结成统一战线中新的战斗力量。发起者是丁玲、成仿吾、李伯钊等34人。协会名称是毛泽东在成立大会上提议、全体会员通过的。在成立大会上，毛泽东发表了演讲。前面说过，这是毛泽东作为中国共产党领导人专门就文艺问题向文艺界所作的第一次讲话。毛泽东在讲演中提出，从"文""武"两条战线说，过去我们在"文"的方面"干得很少"，"现在我们不但要武的，我们也要文的了，我们要文武双全"。他认为，"今天这个中国文艺协会的成立，是近十年来苏维埃运动的创举"[1]。讲演最后的一个提法很值得注意："发扬苏维埃的工农大众文艺，发扬民族革命战争的抗日文艺，这是你们伟大的光荣任务。"[2]这两个"发扬"是《在延安文艺座谈会上的讲话》中提出的文艺为工农大众服务、为抗战服务思想的雏形。

二、围绕创办鲁迅艺术学院所进行的文艺思想建设

1937年10月19日，陕北公学举行了鲁迅逝世周年纪念大会。毛泽东在纪念大会上作了题为《论鲁迅》的演讲。这是毛泽东最早论述鲁迅的文章，也是他唯一的一篇专门论述鲁迅的著作。就是在这个演讲中，毛泽东称鲁迅不仅是一个伟大的文学家，而且是一个民族解

---

[1] 中共中央文献研究室编：《毛泽东文艺论集》，中央文献出版社2002年版，第3页。
[2] 中共中央文献研究室编：《毛泽东文艺论集》，中央文献出版社2002年版，第4页。

放的急先锋；称他"是党外的布尔什维克"、"是现代中国的圣人"，并从三个方面（"政治的远见""斗争精神""牺牲精神"）概括了"鲁迅精神"，要求大家"学习鲁迅的精神，把它带到全国各地的抗战队伍中去，为中华民族的解放而奋斗"[①]。

1938 年 2 月，毛泽东、周恩来、林伯渠、徐特立、成仿吾、艾思奇、周扬等倡议成立鲁迅艺术学院。1938 年 4 月 10 日鲁迅艺术学院成立。毛泽东在成立大会上发表了讲话。

毛泽东指出：要在民族解放的大时代去发展广大的艺术运动，在抗日民族统一战线方针指导下，实现文学艺术在今天中国的使命和作用。[②] 他把在上海等城市从事左翼文艺运动的人们称为"亭子间的人"，把在革命根据地从事文艺活动的人称为"山顶上的人"。他说，大体说来过去的伟大收获是靠这两部分人取得的。只是这两部分人，从前遥相呼应却不能见面。伟大时代一到来，一切都改变了。这两部分人现在在鲁迅艺术学院见面了，别的朋友也见面了。他分析了这两部分人各自的弱点，指出："亭子间的人弄出来的东西有时不大好吃"（这是指生活内容比较贫乏），"山顶上的人弄出来的东西有时不大好看"（这是指艺术形式比较粗糙），"有些亭子间的人以为'老子是天下第一，至少是天下第二'；山顶上的人也有摆老粗架子的，动不动'老子二万五千里'"[③]。他认为"现在应当不以那为满足——过去的东西，

---

① 中共中央文献研究室编：《毛泽东文艺论集》，中央文献出版社 2002 年版，第 11 页。

② 中共中央宣传部编著：《中国共产党宣传工作简史（上册）》，人民出版社 2022 年版，第 136 页。

③ 中共中央文献研究室编：《毛泽东文艺论集》，中央文献出版社 2002 年版，第 13 页。

可以认为是准备时期的东西。应该把自大主义除去一点"。^①亭子间的人到了此地来不要以出名为满足，要在民族解放的大时代来发展广大的艺术运动，以从前的成功为基础而更加努力，"组织十年来的文化成果，训练起万千的文化干部，送到全国各战线上去工作，这是很必要的……"^②毛泽东说：今天主要的是组织这两部分人，结成文艺界的抗日民族统一战线。不但组织是抗日民族统一战线的组织，作风也要是抗日民族统一战线的作风。他明确指出："统一战线同时是艺术的指导方向。"^③

应该说，这篇讲话是继《在中国文艺协会成立大会上的讲演》之后进一步阐明中国革命文艺的历史使命和现实作用的又一篇纲领性文献。

1938年4月28日，毛泽东应邀到鲁迅艺术学院演讲艺术问题，题为《怎样做艺术家》。毛泽东指出：现在艺术上也要搞统一战线，不管是写实主义派、浪漫主义派或其他什么派，都应当团结抗日。艺术作品要有内容，要适合时代的要求、大众的要求。鲁迅艺术学院要造就具有远大的理想、丰富的斗争经验和良好的艺术技巧的一派艺术工作者，这三个条件缺少任何一个便不能成为伟大的艺术家。青年艺术工作者应到大千世界中去，到实际斗争中去，使艺术作品具有充实的内容。浪漫主义原来的主要精神是不满意现状，用一种革命的热情

---

① 中共中央文献研究室编：《毛泽东文艺论集》，中央文献出版社2002年版，第13页。
② 同上。
③ 同上。

憧憬将来，这种思潮在历史上是发生过伟大的积极作用的。一种艺术作品只是流水账式地记述现状，而没有对将来的理想是不好的。在现状中看出缺点，同时看出将来的光明和希望，才是马克思主义的精神。[①]

他同时强调指出，我们既要有艺术上的政治独立性，也要有统一战线。他说：现在艺术上也要搞统一战线，如鲁迅先生所说的，不管他是写实主义派，或是浪漫主义派，大家都应当团结抗日。他说：中国文艺界有所谓"第三种人"，在今天我们也并不排斥他们。今天第一条是一切爱国者的抗日民族统一战线，第二条才是我们自己艺术上的政治立场。艺术上每一派都有自己的阶级立场，我们是站在无产阶级劳苦大众方面的，但在统一战线原则之下，我们并不用马克思主义来排斥别人。排斥别人，那是关门主义，不是统一战线。[②]

在讲到艺术形式和艺术内容的关系时，他把艺术创作比作厨师做饭菜。他说：一个艺术家也是一个大师傅。大师傅做得一手好菜，要有一个长期实践的过程，不是学一天便做得好的。他们做菜，用的材料和别人一样，却能做出好的味道来，这就要研究各种材料的调配和时间火候的掌握。作品好比饭菜一样，要既有营养，又有好的味道。中国人是最会做饭菜吃的，做菜的时候适当地调配各种材料，加上油盐酱醋各种作料，经过巧妙的烹调，便产生一种美味，并且保持了营

① 中共中央文献研究室编：《毛泽东年谱（1893—1949）》（修订本）（中册），中央文献出版社 2013 年版，第 67 页。
② 中共中央文献研究室编：《毛泽东文艺论集》，中央文献出版社 2002 年版，第 15—16 页。

养成分。大师傅做得一手好菜，要有一个长期实践的过程，不是学一天便做得好的。他们做菜，用的材料和别人一样，却能做出好的味道来，这就要研究各种材料的调配和时间火候的掌握。艺术至上主义者是只注重味道好不好吃，不管有没有营养，他们的艺术作品内容常常是空虚的或者有害的。艺术作品要注重营养，也就是要有好的内容，要适合时代的要求，大众的要求。

毛泽东要求鲁迅艺术学院，要造就一批既有远大的政治理想又有丰富的生活经验、又有良好的艺术技巧的文艺工作者。他说：以上三个条件，缺少任何一个便不能成为伟大的艺术家。①

他指出：你们要有远大的理想。不但要抗日，还要在抗战过程中建立新的民主共和国，还要有社会主义以至共产主义的理想。②

毛泽东还以鲁迅、《毁灭》、《红楼梦》为例，说明深入生活、了解生活的道理。他说：鲁迅先生在《毁灭》的后记中说到《毁灭》的作者法捷耶夫是身经游击战争的，因为他描写上马鞍子写得很"内行"。上马鞍子是件小事，《毁灭》的作者注意到了，鲁迅先生也注意到了。这告诉我们坐在屋里想出来的东西是不行的。③他说：《红楼梦》是一部好书，现在许多人鄙视这部书，不愿提到它，认为它只是描写了一些哥哥妹妹的事情。其实《红楼梦》是一部很好的小说，特别是它有极丰富的社会史料。比如作品描写贾琏从尤二姐那里回去的时候，说

---

① 中共中央文献研究室编：《毛泽东文艺论集》，中央文献出版社 2002 年版，第 18 页。
② 同上。
③ 同上。

贾琏"跨马认镫而去"。没有实际经验是写不出"认镫"二字的。事非经过不知难。每件小事都有丰富的内容，要从生活体验中才会知道。他说：没有丰富的实际生活经验，无从产生内容充实的艺术作品。[①] 他说：艺术家固然要有伟大的理想，但如马鞍之微的小事情也要实际研究。过去一个研究《红楼梦》的人说他曾切实地把大观园考察过一番。现在，你们的"大观园"是全中国，你们这些青年艺术家个个都是贾宝玉、林黛玉，要切实地在这个"大观园"中生活一番、考察一番。[②] 他指出，考察中国，不能像"过路人"一样。俗话说："走马看花不如驻马看花，驻马看花不如下马看花"。毛泽东希望艺术家们都要下马看花。[③]

毛泽东指出，没有良好的艺术修养、不掌握写作技巧，也不能表现丰富的生活。[④] 他指出，过去存在一个极大的不协调：要么有丰富的生活经验与良好的口头表达能力的人不能写作，要么能写的人只坐在都市的亭子间没有实际的生活经验。[⑤] 他的意思是说，要将二者结合起来，要学习生活、学习群众语言，也要学习写作技巧。要有理想，要有生活，要有艺术修养。

毛泽东的讲演，丰富了他在鲁迅艺术学院成立大会上讲话的内容，是毛泽东文艺思想的宝贵文献。

---

① 中共中央文献研究室编：《毛泽东文艺论集》，中央文献出版社 2002 年版，第 18 页。

② 同上。

③ 同上。

④ 同上。

⑤ 同上。

　　1939 年鲁迅艺术学院成立一周年时，毛泽东、朱德、张闻天、刘少奇、陈云、李富春等出席纪念大会，并为鲁迅艺术学院题了词。毛泽东的题词是："抗日的现实主义，革命的浪漫主义。"[①]刘少奇的题词是："为大众文艺的创作而努力。"陈云的题词是："抗战建国中一支大的力量。"李富春的题词是："发扬鲁迅的精神，创造中国大众的新艺术。"毛泽东的题词非常重要。1934 年苏联正式把"社会主义现实主义"写入《苏联作家协会章程》，将其确定为苏联文艺创作和文艺批评的基本方法。受苏联的影响，我国当时也曾有人提出"新民主主义的现实主义"，"抗日的现实主义"自然也由此而来。值得注意的是，把"抗日的现实主义"同"革命的浪漫主义"相联系的提法。毛泽东作为唯物主义者和"革命的能动的反映论"者，既主张创作上的现实主义，又不赞成自然主义，认为艺术上的浪漫主义有一定道理。这是毛泽东在文艺创作方法上的一个重要思想。

　　1939 年 4 月 10 日，中央干部教育部副部长罗迈（李维汉）在鲁迅艺术学院全体教职学员大会上作了题为"'鲁艺'的教育方针与怎样实施教育方针"的报告。报告明确指出，鲁迅艺术学院的教学方针是"以马列主义的理论与立场，在中国新文艺运动的历史基础上建设中华民族新时代的文艺理论与实际，训练适合今天抗战需要的大批艺术干部，团结与培养新时代的艺术人才，使'鲁艺'成为实现中共文艺政策的堡垒与核心"。他说明，"这个方针是经中央宣传部讨论拟

――――――――――

① 　中共中央文献研究室编：《毛泽东文艺论集》，中央文献出版社 2002 年版，第 24 页。

定，经中央书记处通过的"。① 这表明，发展马列主义文艺理论、将马克思主义与中国新文艺运动相结合的问题，已经提上了党中央工作的议事日程，毛泽东文艺思想的许多基本观点正在形成。

三、《新民主主义论》的发表

1940 年 1 月，毛泽东发表了《新民主主义论》(原题《新民主主义的政治与新民主主义的文化》)。

《新民主主义论》是标志毛泽东思想趋于成熟的代表作。它科学地分析了中国革命的性质、特点和规律，系统地提出了新民主主义的完整理论和纲领。特别是在最后五节，全面总结了五四运动以来的文化运动史，详细阐明了新民主主义文化的理论和纲领。

毛泽东指出："在'五四'以前，中国的新文化，是旧民主主义性质的文化，属于世界资产阶级的资本主义的文化革命的一部分，在'五四'以后，中国的新文化，却是新民主主义性质的文化，属于世界无产阶级的社会主义的文化革命的一部分。"② 他说："所谓新民主主义的文化，就是人民大众反帝反封建的文化；在今日，就是抗日统一战线的文化。这种文化，只能由无产阶级的文化思想即共产主义思想去领导，任何别的阶级的文化思想都是不能领导了的。所谓新民主主义的文化，一句话，就是无产阶级领导的人民大众的反帝反封建的文

---

① 李维汉：《李维汉选集》，人民出版社 1987 年版，第 111 页。
② 中共中央文献研究室编：《毛泽东文艺论集》，中央文献出版社 2002 年版，第 31 页。

化。"① 这种新民主主义的文化，是"民族的科学的大众的文化"，"就是中华民族的新文化"。② 这种新民主主义的文化，"是在观念形态上反映新政治和新经济的东西，是替新政治新经济服务的"③，"新民主主义的政治、新民主主义的经济和新民主主义的文化相结合，这就是新民主主义共和国，这就是名副其实的中华民国，这就是我们要造成的新中国"④。

《新民主主义论》不是文艺专论。然而，其中对文化的论述，尤其是关于新民主主义文化的性质的论述、关于新民主主义文化与新民主主义政治和新民主主义经济的关系的论述，是包括文艺在内的。因而，《新民主主义论》也可以看作毛泽东文艺思想趋向成熟的标志。

① 中共中央文献研究室编：《毛泽东文艺论集》，中央文献出版社 2002 年版，第 32 页。
② 中共中央文献研究室编：《毛泽东文艺论集》，中央文献出版社 2002 年版，第 78 页。
③ 中共中央文献研究室编：《毛泽东文艺论集》，中央文献出版社 2002 年版，第 62 页。
④ 中共中央文献研究室编：《毛泽东文艺论集》，中央文献出版社 2002 年版，第 44 页。

毛泽东文艺思想发展成熟

　　1942 年，党中央、毛泽东根据当时革命形势发展的需要，领导全党开展了整风运动。同年 5 月，党中央在延安举行的文艺座谈会，是文艺界整风运动的开端，是延安整风运动的重要组成部分。毛泽东《在延安文艺座谈会上的讲话》，促进了文艺界整风的开展。这个讲话，是文艺界整风乃至全党整风的学习文件之一，是毛泽东文艺思想发展成熟的代表作。

　　延安文艺座谈会从 1942 年 5 月 2 日开始，5 月 23 日结束。座谈会前，毛泽东曾找文艺界的同志详细了解情况，然后确定了他在座谈会上讲话的内容。这从会前他给文艺家的几封信里可以窥见一斑：1942 年 4 月 9 日，他在给欧阳山的信中写道：“欧阳山同志：来信收到。拟面谈一次，如同意，请于今日惠临一叙，并盼与草明同志偕来。”①4 月 13 日他在给欧阳山、草明的信中说：“前日我们所谈关于文艺方针诸问题，拟请代我搜集反面的意见，如有所得，祈随时赐示

①　中共中央文献研究室编：《毛泽东文艺论集》，中央文献出版社 2002 年版，第 303 页。

为盼！"①同一天，毛泽东还给萧军、罗烽、艾青等写了内容完全一样的信。②这说明，4月11日这天，毛泽东找许多文艺家谈了话。4月17日毛泽东又给欧阳山、草明写了一封复信："四月十五日来信阅悉，我现在尚不能够对你提出的问题作答复，待研究一下罢。如果你们在搜集材料，那很好，正反两面都盼搜集，最好能给我一个简明的说明书，不知文艺室同志有暇为此否？"③

座谈会的全体会议一共开了三次。第一次是5月2日，毛泽东作了启发性的发言，这就是《讲话》的"引言"部分；第二次是5月8日，毛泽东参加会议，认真听取了大家的讨论，并记下了发言的要点和问题；第三次是5月23日，毛泽东在大会上作了结论性的报告，这就是《讲话》的"结论"部分。"引言"和"结论"合起来就构成了《在延安文艺座谈会上的讲话》。

毛泽东《在延安文艺座谈会上的讲话》，是马克思主义中国化文艺理论发展的第一个高峰。它运用马克思主义观点，认真分析和科学总结了五四运动以来中国革命运动的实践经验和理论成果，首次明确提出并系统论述了文艺为人民大众服务的方向问题，这是毛泽东文艺思想的最基本的问题。以此为标志，毛泽东文艺思想发展基本成熟。

毛泽东《在延安文艺座谈会上的讲话》，在马克思主义文艺理论发展史上，也是一篇里程碑性的文献。概括起来，《讲话》的理论贡献

---

① 中共中央文献研究室编：《毛泽东文艺论集》，中央文献出版社2002年版，第270—271页。
② 同上。
③ 中共中央文献研究室编：《毛泽东文艺论集》，中央文献出版社2002年版，第272页。

主要有两个：第一，系统地论述了文艺与生活、革命文艺与人民生活的关系，指出文艺要源于生活、高于生活，革命的文艺应当根据实际生活创造出各种各样的人物来，帮助群众推动历史的前进；第二，系统地论述了文艺家与党、与革命、与工农兵群众的关系，指出革命文艺家要站在无产阶级的和人民大众的立场，对于共产党员来说也就是站在党性和党的政策的立场，为人民大众、首先是为工农兵服务，为革命服务（在当时就是为抗战服务）。从而，丰富了马克思主义理论宝库，为马克思主义文艺理论的丰富和发展作出重要贡献。

在 5 月 23 日延安文艺座谈会最后一次会议上，朱德也讲了话。他以自己的亲身经历、用朴实的语言，说明"要看得起工农兵""只有共产党才能救中国"的深刻道理。这无疑也是毛泽东文艺思想的组成部分。

延安文艺座谈会后的第五天，即 5 月 28 日，毛泽东在中央高级学习组作报告，专门介绍了文艺界的情况和延安文艺座谈会的情况。

毛泽东首先分析了抗日统一战线建立后文艺界情况的变化。他认为，大批知识分子、大批文学家、艺术家和文化艺术工作者到延安来、到革命根据地来，这对共产党来说，对八路军、新四军来说，对我们根据地来说，是一个很好的现象。肯定地说是应该欢迎的。[1]

毛泽东指出：我们在不久前召开了三次文艺座谈会，党内党外有一百多同志参加。这个会开得比较好。其目的就是要解决相结合的问

---

[1]《毛泽东文集》（第二卷），人民出版社 1993 年版，第 425 页。

题，解决文学家、艺术家、文艺工作者与我们党相结合、与工人农民相结合、与军队相结合的问题。①

毛泽东指出，相结合是双方面的，要向双方面的人说，要告诉他们各采取什么态度：向文学家艺术家、文艺工作者说，要他们与在军队工作的同志、与从事党务工作的同志、从事政治工作的同志、从事经济工作的同志接触，要他们与这些同志结合；对另一方面的人，则要告诉他们与文学家、艺术家、文艺工作者相接触、相结合。

毛泽东认为，从文学家、艺术家和文艺工作者这一方面来说，相结合是不成问题的，问题是怎样才能结合。他说：他们中的许多同志都是生长在封建统治和国民党统治下的。他们或多或少地受到旧社会的影响，或多或少地受到资产阶级思想、小资产阶级思想的影响。毛泽东说，这是影响他们与党相结合、与工农兵相结合的主要障碍。他说，只有排除这个障碍，只有解决了这个思想上的问题，才可能转变到无产阶级的思想上来，才可能有马列主义的党性，才可能在思想和行动上与无产阶级、与工农大众相结合、与我们党相结合。②

毛泽东认为，文艺界的某些作家的某些作品是有一些问题的，但这并不是主要的、根本的问题。毛泽东说：最近一个时期，某些文章、某些文学作品——当然只是一部分，发生一些问题。有些同志不满意，提出一些意见，这些意见的提出都是对的。提出了这些意见证明了什么？证明我们的同志不愧为一个政治战士。虽然我们的文化水

---

① 《毛泽东文集》(第二卷)，人民出版社 1993 年版，第 425 页。
② 《毛泽东文集》(第二卷)，人民出版社 1993 年版，第 426 页。

平低，但是我们的政治嗅觉相当灵敏，什么风气不好，我们一嗅就嗅出来了。当然，所有发生的这些问题，所有发生问题的作品，我们说都没有什么大问题。为什么说没有什么大问题？因为那些同志根本都是革命的，都是在外面或根据地来的，他们在外面城市也是做革命工作的，有许多时间还很长；现在也是做革命工作的，某些时候或某次说话写文章没有弄好，这是部分的性质，这样的问题可以解决，都不是什么严重问题。①

毛泽东认为，严重的、主要的问题还是，文艺界的许多同志在彻底地用马列主义思想武装头脑方面，在自觉地将革命性、党性与文艺工作有机结合方面，还差得很远。这就是说，头脑中间还保存着资产阶级的思想、小资产阶级的思想。这个东西，如果不破除，不加以整顿，让他发展下去，那是相当危险的。他说：解决了这个问题，文艺为工农大众服务的问题、向工农大众普及和在工农大众基础上提高等问题，也就可以解决。除了以上这个基本问题之外，毛泽东指出：还存在抹杀革命性或抹杀艺术性的问题。②

他说：一种偏向是忽视革命性：只要是艺术的东西，只要是艺术水平高的，就是好的。片面强调了这个方面；而对无产阶级的立场问题、马列主义的基本观点问题、反映工农兵生活的问题、与工农兵密切结合的问题、完全为工农兵服务的问题，等等，认识却不清楚。他说：有的同志思想和行动不统一、理论和实践相分离。想的是为工

---

① 《毛泽东文集》（第二卷），人民出版社 1993 年版，第 427 页。
② 《毛泽东文集》（第二卷），人民出版社 1993 年版，第 427—428 页。

农，做的却不是；想为工农做事，工农中间的朋友却很少，却对工农不了解。他说：文艺界的许多同志都存在这种偏向，应该很好地检讨一下。①

毛泽东指出：另一种偏向就是太强调革命性而忽视艺术性：只要是革命的东西，哪怕是标语口号式的作品也好，甚至不像样子的东西也行。他认为，这就取消了文艺的特殊性，这样特殊的革命工作部门同一般的革命工作部门就没有区别了。他说：只注重作品的政治内容，不注重艺术的形式问题，只强调文艺的革命性，而忽视革命文艺的艺术性，这种看法也是一种偏向。他说：没有艺术性那不叫文学、不叫艺术。这种偏向也要纠正。②

那么，如何纠正以上两种偏向呢？

毛泽东指出：我们主张革命的东西从最低的到最高的，艺术的东西也是从最低的到最高的。

"主张革命的东西从最低的到最高的"，这个方针的意思是说：从拥护抗日思想的大地主、大资产阶级，到坚持马列主义立场的无产阶级，我们都团结；或者说，从抗日到马列主义，我们都提倡。毛泽东说：对大地主讲马列他们不会来，讲民主他们也不会来。地主不要马列、不要民主，要的只是租子、只是封建。可现在日本帝国主义打进来了，他也要抗日。只要不破坏他的封建，或者破坏得不是太厉害，讲抗日他还是会来的。对大地主、大资产阶级目前只能取他们抗日这一点，不可能取到别的。但只要他们来抗日就好。民族资产阶级则不同，他们需要民主，当然他们需要的民主是资产阶级专政的民主，与人民大众的民主——工人、农民、小资产阶级和资产阶级的民主则又有区别。但在中国民族资产阶级没有完全取得政权或者没有取得主要政权的今天，他们至少有要搞民主的想法。可讲到马列主义他们是不来的。对小资产阶级整个阶级来说，他们也不会搞马列的。只有无产阶级和无产阶级化了的其他阶层的知识分子，才真正相信马列，实行马列。他说，讲革命是从抗日到马列，从拥护抗日的地主到无产阶级，从最低到最高，都承认、都团结。①

毛泽东指出：艺术也是从最低到最高，从启蒙萌芽状态起，承认他一直到艺术性最高的，到托尔斯泰、鲁迅、高尔基，到最优秀的。他说：艺术高到天上的我们要，低到地下的我们也要。墙报、民歌、民间故事等，我们也要。那是萌芽，有发展的可能，有根在那里。老百姓唱的歌、民间故事、战士写的墙报、战士吹牛拉故事，等等，都有艺术性。有些不识字的人说话、讲故事也有艺术性。毛泽东指出：反对只看到高的，看不到低的。文艺专家不能轻视老百姓的东西，不能看不起水平较低的文艺工作者。他说，要认识到士兵、农民能动手写三百字的墙报是件很了不起的事。几千年没翻身的人居然能写三百字是件大事！谁不这样看，说明谁的立场明显没站稳。他说：我们的政策是要正确地引导小资产阶级出身的文艺家，使他们自觉地而不是

① 《毛泽东文集》（第二卷），人民出版社 1993 年版，第 429 页。

勉强地、逐渐地而不是过急地与工农大众打成一片。我们的总方针是要争取大多数文艺家与工农大众相结合，使他们重视普及的东西并帮助提高。他指出，文艺家只有与一般文艺工作者、与人民相结合，才有出路；一般文艺工作者也只有在专家指导下，才能提高。[①]

最后，毛泽东又结合苏联的经验教训，强调尊重知识分子和文艺工作者的重要性。强调要互相尊重、互相谅解、互相结合。

毛泽东 1942 年 5 月 28 日在中央高级学习组的报告非常重要。它不仅对我们了解延安文艺座谈会和文艺界整风的背景很有帮助，而且对我们理解《在延安文艺座谈会上的讲话》的内容也很有帮助。比如，当我们了解了报告中提出的"我们主张革命的东西从最低的到最高的"观点之后，我们就不难理解《讲话》中提出的文艺工作的统一战线分三个层次（抗日、民主、马列主义）是什么意思了；当我们了解了"艺术的东西也是从最低的到最高的"观点之后，也就不难理解《讲话》中提出的"普及与提高"的关系了。从最低到最高，从抗日到马列，从普及到提高，这不仅符合中国实际的正确政策，而且蕴含着辩证唯物主义和历史唯物主义的深刻哲理，是科学的思想方法和工作方法。

---

① 《毛泽东文集》（第二卷），人民出版社 1993 年版，第 430—431 页。

党的七大前后毛泽东文艺思想的发展

一、与文艺家交往的密切和《文化工作中的统一战线》等文献的发表

党的七大前后，毛泽东等与文艺家的交往越来越密切，他对文艺工作也越来越关心了，从这一时期毛泽东给文艺家和关于文艺问题的书信中可窥见一斑。1944 年 1 月 9 日，他读过郭沫若的《虎符》以后"深为感动"，称赞郭沫若"做了许多十分有益的革命的文化工作"，[①]致信向他表示庆贺；同一天，他又写信给杨绍萱、齐燕铭，谈了京剧《逼上梁山》的观后感，称"从此旧剧开了新生面"，"你们这个开端将是旧剧革命的划时期的开端"[②]；同年 4 月 2 日致信周扬，称周扬为《马克思主义与文艺》一书写的编者序言"写得很好。你把文艺理论上几个主要问题作了简明的历史叙述，借以证实我们今天的方针是正

---

① 中共中央文献研究室编：《毛泽东文艺论集》，中央文献出版社 2002 年版，第 311 页。
② 中共中央文献研究室编：《毛泽东文艺论集》，中央文献出版社 2002 年版，第 312 页。

确的，这一点很有益处，对我也是上一课"，同时他谦虚地说，把他"配在马、恩、列、斯之林觉得不称"①；4 月 29 日致信李鼎铭，谈了《永昌演义》一书的读后感，并提出了修改意见②；5 月 27 日致信胡乔木，认为艾青《秧歌剧的形式》一文"切实、生动，反映了与具体解决了多年来秧歌剧的情况和问题，除报上发表外，可印成小册，可起教本的作用"③；7 月 1 日凌晨致信丁玲、欧阳山，祝贺丁玲写出了《田保霖》、欧阳山写出了《活在新社会里》这样的好文章④；11 月 21 日致信郭沫若，称赞《甲申三百年祭》和《反正前后》⑤；1945 年 2 月 22 日致信萧三，称赞他的《第一步》写得很好⑥；还几次与柳亚子诗书往来⑦；1945 年 11 月还为悼念冼星海题了词⑧……这一系列文艺实践活动，反映了毛泽东对文艺工作的关心和支持。这期间，毛泽东还发表了许多文艺文献。1944 年 10 月 30 日毛泽东的《文化工作中的统一战线》，系统地总结和发展了《统一战线同时是艺术的指导方向》《新民主主义论》和《在延安文艺座谈会上的讲话》中关于统一战线问题的思想观点，是一篇文化统一战线问题的专论。毛泽东指出，文化工作不能没有广泛的统一战线。他说："我们的文化是人民的文化，文化

---

① 中共中央文献研究室编：《毛泽东文艺论集》，中央文献出版社 2002 年版，第 314 页。
② 中共中央文献研究室编：《毛泽东文艺论集》，中央文献出版社 2002 年版，第 282 页。
③ 中共中央文献研究室编：《毛泽东文艺论集》，中央文献出版社 2002 年版，第 284 页。
④ 中共中央文献研究室编：《毛泽东文艺论集》，中央文献出版社 2002 年版，第 285 页。
⑤ 中共中央文献研究室编：《毛泽东文艺论集》，中央文献出版社 2002 年版，第 287 页。
⑥ 中共中央文献研究室编：《毛泽东文艺论集》，中央文献出版社 2002 年版，第 292 页。
⑦ 中共中央文献研究室编：《毛泽东文艺论集》，中央文献出版社 2002 年版，第 289、294、296 页。
⑧ 中共中央文献研究室编：《毛泽东文艺论集》，中央文献出版社 2002 年版，第 124 页。

工作者必须有为人民服务的高度的热忱，必须联系群众，而不要脱离群众。"① 如何做到这一点呢？毛泽东提出两条原则：一是要从群众的需要出发，二是要尊重群众的意愿。1945 年刘少奇在《论党》中也论述了这个原则。这是非常重要的马克思主义原则。在《一九四五年的任务》《论联合政府》中，毛泽东又反复论述了"要使人民离开愚昧状态"②、要发挥文艺家的作用、"一切知识分子，只要是在为人民服务的工作中著有成绩的，应受到尊重，把他们看作国家和社会的宝贵的财富"③等观点。

这一时期，周恩来发表了两篇文艺文献。一篇是《延安的文艺活动》，另一篇是《在鲁迅逝世十周年纪念会上的演说》。前一篇是1945 年 10 月 21 日周恩来应邀在中华全国文艺界协会举行的会员联欢晚会上的讲话。讲话盛赞延安的秧歌舞，指出"中国的新歌剧是从这里发展出来的，话剧也要吸收这个形式的优良因素。因此作家艺术家一定要深入生活，挖掘民间艺术遗产"。《在鲁迅逝世十周年纪念会上的演说》中，周恩来指出："鲁迅和闻一多，都是我们的榜样。"号召大家发扬"横眉冷对千夫指，俯首甘为孺子牛"的精神。④

---

① 中共中央文献研究室编：《毛泽东文艺论集》，中央文献出版社 2002 年版，第 111 页。
② 中共中央文献研究室编：《毛泽东文艺论集》，中央文献出版社 2002 年版，第 113 页。
③ 中共中央文献研究室编：《毛泽东文艺论集》，中央文献出版社 2002 年版，第 116 页。
④ 《周恩来选集（上卷）》，人民出版社 1997 年版，第 240—241 页。

二、解放区的旧剧改革与"无害类"的提法

解放战争时期，党一方面集中力量进行军事战争，另一方面抓紧搞好革命的经济建设和文化建设。1946 年 4 月制订的《陕甘宁边区1946 年至 1948 年建设计划方案》文教建设部分，专就群众文艺工作提出八条意见①。1947 年 5 月，中共晋察冀中央局发出了关于文艺工作的三个决定：《开展边区文艺创作的决定》《开展乡村文艺运动的决定》《贯彻为兵服务方针，开展部队文艺工作决定》②。

值得注意的是，1948 年 11 月 23 日《人民日报》发表了一篇题为"有计划有步骤地进行旧剧改革工作"的社论，社论指出"旧剧是中国民族艺术重要遗产之一，和广大群众有密切联系，加以新剧发展的历史还短，本身尚有缺点，在群众中还没有完全生根，而旧剧在群众中则保持着深厚的基础，因此改造旧剧是一个非常重要的任务，也是一个非常复杂的思想斗争"③。"现在人民解放战争胜利形势飞跃发展，大城市相继被解放，旧剧改革的任务，便更急迫地提到我们面前，需要我们认真地加以解决。"④但旧剧改革的态度要正确，"在这里，任何单纯行政命令或急性病都是不能解决问题的"⑤。社论指出，"改革旧剧的第一步工作，应该是审完旧剧目，分清好坏。首先，我们必须确定

---

① 《解放日报》1946 年 5 月 25 日。
② 《人民日报》1947 年 5 月 27 日。
③ 《人民日报》1948 年 11 月 23 日社论《有计划有步骤地进行旧剧改革工作》。
④ 同上。
⑤ 同上。

审查的标准。我们要以对人民的有利或有害决定取舍"①。社论说，"在现有旧剧内容中，大体上可以分成有利、有害与无害三大类，应具体研究，分别对待"。"第一，是有利的部分，这是旧剧遗产的合理部分，必须加以发扬。""第二，是无害的部分，如很多历史戏（如《群英会》《萧何月下追韩信》等），对群众虽无多大益处，但也无害处，从这些戏里还可获得历史知识与历史教训，启发与增加我们的智慧。""第三，有害的部分"，"这些戏应该加以禁演或经过重大修改、或在重要关节上加以修改后方准演出。第一与第二类节目都是不加修改或稍加修改即可演出的，第二类尤其占剧目中的极大部分"②。

这篇社论关于把旧剧分成"有利、有害与无害三大类"的提法，非常重要。这个观点，是为防止和纠正旧剧改革中"左"的错误而提出的。这是在文化工作中正确运用唯物辩证法分析问题、解决问题的一个典范。当然，允许"无害"类旧剧存在，并不是提倡"中间"主义，但在旧剧中"无害"戏是很多的，确实不应忽视甚至否定这个"中间"部分。后来，这个方针推广到整个文艺工作。党中央提出，不仅是对于文化遗产整理，而且是对于所有文艺作品，只要政治上无害、艺术上有益，就应该允许存在。

---

① 《人民日报》1948 年 11 月 23 日社论《有计划有步骤地进行旧剧改革工作》。
② 同上。

新中国成立初期毛泽东文艺思想的探索发展

一、《中共中央给中华全国文学艺术工作者代表大会的贺电》发表

新中国成立前夕，1949 年 7 月 2—9 日，中华全国文学艺术工作者第一次代表大会在北平召开。这是文学艺术工作者全国规模的第一次盛会，是新老解放区文艺队伍的第一次大会师，是新老文艺队伍的第一次大会师，是农村的、城市的、部队的文艺工作者的第一次大会师。

7 月 1 日中共中央发出贺电，7 月 2 日在大会开幕之际刊载于《人民日报》。毛泽东在审定电文时，对原稿作了大量修改。《贺电》有两个观点值得注意。第一，"人民革命的胜利，人民政权的建立，是决定一切的。"① 这是因为，"如果没有人民革命的胜利，如果没有人民政权的建立，进步的文学艺术工作者就不可能有今天这样的大团结，进

---

① 中共中央文献研究室编：《毛泽东文艺论集》，中央文献出版社 2002 年版，第 129 页。

步的文学艺术工作就不可能在全国范围内和全体规模上获得自己的发展"。而且，"人民革命的胜利和人民政权的建立，给人民的文化教育和人民的文学艺术开辟了发展的道路"。第二，《贺电》指出："我们中国是处在经济落后和文化落后的情况中。在革命胜利以后，我们的任务主要地就是发展生产和发展文化教育。""我们相信，经过你们这次大会，全中国一切爱国的文艺工作者，必能进一步团结起来，进一步联系人民群众，广泛地发展为人民服务的文艺工作，使人民的文艺运动大大发展起来，借以配合人民的其他文化工作和人民的教育工作，借以配合人民的经济建设工作。"① 这一个"主要任务"、一个"广泛"、两个"借以配合"非常重要。可惜在很长时间内未能引起足够注意。

7月6日下午，周恩来代表党中央作政治报告，并讲了文艺方面的几个问题。在提到"精神劳动者应该向体力劳动者学习"时，周恩来提出了一个重要的马克思主义论断："文艺工作者是精神劳动者，广义地说来也是工人阶级的一员。"② 在讲到"为人民服务问题"时，他说："我们主张文艺为工农兵服务，当然不是说文艺作品只能写工农兵。"在提到"普及与提高的问题"时，他说："我们对于新生的东西不要责备过甚，对它要爱护帮助，像对自己的孩子一样。对孩子需要批评教育，但是不能打骂，否则就把孩子打坏了，骂傻了。""我们必须重视新文艺在普及方面的生长和成就，即使是一些小的生长，小的成就。"在提到"改造旧文艺的问题"时，周恩来指出："凡是在群众

---

① 中共中央文献研究室编：《毛泽东文艺论集》，中央文献出版社2002年版，第130页。
② 《周恩来选集（上卷）》，人民出版社1997年版，第349页。

中有基础的旧文艺，都应当重视它的改造。""我们应当尊重一切受群众爱好的旧艺人。""我们如果认为旧文艺什么都好，什么都保存，那样就会走到复古的路上去了；另外我们如果认为什么都不好，什么都否定，或置之不管，那样就是对于民族传统和群众感情采取错误的态度，就是违背了我们的普及第一的主张，同时也不合于我们的历史观点。"在提到"文艺界要有全局观念的问题"时，周恩来说："今天全国接近于完全解放，我们的后方最重要的任务是发展生产。""我们要看到我们今天整个的解放事业，看到我们今天全国的文艺工作"。"我们文艺工作者要了解，建设新民主主义新中国的初期是一个艰难缔造的过程"。①

7月6日晚上，毛泽东出席中华全国文学艺术工作者代表大会全体会议，向代表们说："今天我来欢迎你们。你们开这样的大会是很好的大会，是革命需要的大会，是全国人民所希望的大会，因为你们都是人民所需要的人，你们是人民的文学家、人民的艺术家，或者是人民的文学艺术工作者的组织者。"②周恩来最后号召广大文艺工作者团结在新民主主义旗帜下，沿着毛泽东指引的文艺的新方向前进。

这次大会，在中国文学艺术史上有着重要的意义。以这次大会为标志，翻开了中国当代文艺史的第一页，拉开了社会主义革命和建设时期文艺事业的帷幕；以经过毛泽东修改的中共中央《贺电》和周恩

---

① 《周恩来选集（上卷）》，人民出版社1997年版，第355—356页。
② 中共中央文献研究室编：《毛泽东年谱（1893—1949）》（修订本）（下册），中央文献出版社2013年版，第528页。

来所作的政治报告为标志，毛泽东文艺思想发展进入一个崭新阶段。

二、"百花齐放，推陈出新"方针的提出与新中国成立初期的戏曲改革

中华人民共和国成立后，中国共产党担负起领导全国各族人民建设新生活的重任。随着经济建设高潮的到来，一个文化建设的高潮也正掀起。

1951 年 4 月 3 日，中国戏曲研究院在北京成立。毛泽东题写了院名，并题了词。毛泽东的题词是："百花齐放，推陈出新"。[①] 前面说过，毛泽东十分重视继承和发扬中华民族优秀文化传统。早在 1942 年 10 月延安平剧院成立时，他就题写了"推陈出新"。在更早的《新民主主义论》中，他还曾提出："剔除其封建性的糟粕，吸收其民主性的精华"[②]；《在延安文艺座谈会上的讲话》中，他又提出"我们必须继承一切优秀的文学艺术遗产，批判地吸收其中一切有益的东西"[③]；在其后的《论联合政府》中指出，对于中国古代文化"既不是一概排斥，也不是盲目搬用，而是批判地接收它，以利于推进中国的新文化"[④]。这些都是我们对待中国传统文化的正确方针。1951 年毛泽东题写"百花齐放，推陈出新"，无疑是从 1942 年"推陈出新"题词而来，

① 中共中央文献研究室编：《毛泽东文艺论集》，中央文献出版社 2002 年版，第 135 页。
② 中共中央文献研究室编：《毛泽东文艺论集》，中央文献出版社 2002 年版，第 42 页。
③ 中共中央文献研究室编：《毛泽东文艺论集》，中央文献出版社 2002 年版，第 63 页。
④ 中共中央文献研究室编：《毛泽东文艺论集》，中央文献出版社 2002 年版，第 117—118 页。

然而，绝不是简单地重申。它至少说明四点：第一，这时的毛泽东已经产生了"百花齐放"的思想；第二，这时的中国已经具备了"百花齐放"的客观环境（在1942年大部分国土被敌人占领的情况下，根本不可能，也谈不上"百花齐放"，只能形成几片"绿洲"）；第三，中国传统文艺在"百花"之列，换言之，"推陈出新"是百花齐放应有之义；第四，在"推陈出新"工作中，也要坚持"百花齐放"方针。

1951年5月5日，周恩来总理签发了《中央人民政府政务院关于戏曲改革工作的指示》（简称"五五指示"）。针对"审定剧目缺乏统一标准，与编改剧本工作中还有某些反历史主义的、公式主义的倾向"作了五条指示，他指出，"戏曲应以发扬人民新的爱国主义精神，鼓舞人民在革命斗争与生产劳动中的英雄主义为首要任务。凡是符合这个精神的，应予以鼓励和推广，反之应加以反对"。同时指出："进行改革主要地应当依靠广大艺人的通力合作，依靠他们共同审定、修改与编写剧本，并依靠报纸刊物适当地展开戏曲批评，一般地不应当依靠行政命令与禁演的办法。对人民有重要毒害的戏曲必须禁演者，应由中央文化部统一处理，各地不得擅自禁演。""五五指示"称："戏曲改革是改革旧有社会文化事业中的一项严重任务，不可避免地将要遭遇许多复杂的问题，因此，戏曲改革工作必须有步骤地进行。""必须防止在戏曲改革工作上的急躁情绪，和由此而来的粗暴手段。""五五指示"说："中国戏曲种类极丰富，应普遍地加以采用、改造与发展，鼓励各种戏曲形式的自由竞赛，促成戏曲艺术的'百花齐放'。"① 这个"五五指示"，促进了当时戏曲改革的健康发展，是"百花齐放，推陈出新"精神的具体贯彻。

1952 年 10 月 6 日—11 月 14 日，文化部在北京主办了第一届全国戏曲观摩演出大会。23 个剧种、37 个剧团、1600 多人参加了这次空前的盛会。在大会闭幕典礼上，周恩来发表了长篇讲话，谈了戏曲改革的意见。周恩来的讲话包括五个部分。首先讲的是毛泽东提出的"百花齐放，推陈出新"方针。在谈到"百花齐放"与"推陈出新"的关系时，周恩来指出，首先要百花齐放，然后在这个基础上才能推陈出新。"必须先把花开放出来，没有花你怎么能出新？""我们要发展自己的戏曲艺术，首先得承认'百花齐放'，也就是首先要发掘我们民间的戏曲艺术，只有在这个基础上，才能够'推陈出新'。如果不先'百花齐放'那你怎么去加以改革，怎么去加以发展呢？ 没有基础怎么改革，怎么出新呢？"② 在谈及"普及与提高"时，周恩来指出："普及与提高不是对立的，是要在普及的基础上提高，也就是在发展的基础上来提高，不能够凭空提高。""如果不认清这个问题，或者采取粗暴的态度，或者采取轻率的态度，乱改剧本，乱提意见，这个说一句改一句，那个说一句改一句，结果使剧本无所适从，改得四不像。虽然它有缺点，这样一改，改得更不像了。""乱提意见，乱改

---

① 中共中央文献研究室编:《周恩来文化文选》，中央文献出版社 1998 年版，第 105 页。
② 中共中央文献研究室编:《周恩来文化文选》，中央文献出版社 1998 年版，第 114—115 页。

剧本,是破坏艺术,不是尊重艺术。"①在谈及"政治标准与艺术标准"时,周恩来指出:"政治标准不是把原有的一概抹杀",而是积极地保留下来,消极地改革或剔除。他还批评了为赶政治任务而创作的现象。"我们也有不少人,当一个运动来了的时候,写了不少剧本,但不能流传下来。这说明一个什么问题呢? 人民对它不喜爱,因为戏不是演说,戏总是戏嘛。""我们有些同志抱着一种单纯的任务观点,但是常常要失败的。""艺术的标准,要求作品是统一的,又是优美的、健康的,要有一定的水平。"②在谈到"团结与改造"时,周恩来指出:"我们今天要把整个戏曲界的人除去极少数带恶霸性质的败类外,都团结起来。""在改造中,团结中,一定要认清我们是戏曲工作者,我们的本行就是戏曲,因此每一个戏曲工作者的职业要专。""不但戏曲要这样,我们国家任何人将来都要专业化,因此我们正在分别培养国家建设的各种专门人才。"他批评了把一些专门艺术人才调去当行政干部的做法。③这篇讲话结合新中国成立后的实际,在许多方面发挥、发展了毛泽东《在延安文艺座谈会上的讲话》的观点。

三、对电影《武训传》的批判

1951 年,全国报刊上展开了一场对电影《武训传》的讨论和批判。这部影片,歌颂了清末以"行乞兴学"而著名并受到封建统治者

---

① 中共中央文献研究室编:《周恩来文化文选》,中央文献出版社 1998 年版,第 116—117 页。
② 中共中央文献研究室编:《周恩来文化文选》,中央文献出版社 1998 年版,第 122 页。
③ 中共中央文献研究室编:《周恩来文化文选》,中央文献出版社 1998 年版,第 124 页。

表彰的"千古奇丐"武训。该片从 1951 年 2 月公映后反响强烈，4 个月里，在京、津、沪三大城市的报刊上颂扬影片及主人公的文章就有 40 多篇。5 月 20 日，《人民日报》发表了经毛泽东大量改写的社论《应当重视对电影〈武训传〉的讨论》。社论批评了对武训和《武训传》的赞扬，认为歌颂什么、反对什么是立场问题。社论指出："像武训那样的人，处在清朝末年中国人民反对外国侵略者和反对国内的反动封建统治者的伟大斗争的时代，根本不去触动封建经济基础及上层建筑的一根毫毛，反而狂热地宣传封建文化，并为了取得自己所没有的宣传封建文化的地位、就对反动的封建统治者竭尽奴颜婢膝的能事，这种丑恶的行为，难道是我们所应当歌颂的吗？"向着人民群众歌颂这种丑恶的行为，甚至打出"为人民服务"的革命旗号来歌颂，甚至用革命的农民斗争的失败作为反衬来歌颂，这难道是我们所能够容忍的吗？承认或者容忍这种歌颂，就是承认或者容忍污蔑农民革命斗争，污蔑中国历史，污蔑中国民族的反动宣传，就是把反动宣传认为正当的宣传。[①]这样，提出的就不仅是如何评价武训这一个历史人物的问题，而且引申到如何看待中国近代的历史和革命的道路问题。

四、中国文学艺术工作者第二次代表大会召开

1953 年 9 月 23 日—10 月 5 日，中国文学艺术工作者第二次代表大会在北京举行。这是一次贯彻落实党在过渡时期总路线的大会。在

---

① 《人民日报》1951 年 5 月 20 日社论《应当重视对电影〈武训传〉的讨论》。

大会第一天，周恩来作了政治报告。报告分为三部分：（一）过渡时期总路线问题；（二）执行总路线中目前的国内外情况；（三）为总路线而奋斗的文艺工作者的任务。这次大会学习苏联，提出"要以社会主义现实主义作为我国文艺界创作和批评的最高标准"。当时文艺界对于中国的社会主义现实主义文艺从何时开始，有不同看法。有的认为从宣布过渡时期总路线开始，因为这以前都是讲新民主主义，这时才提出向社会主义过渡的任务；有的认为应该从中华人民共和国成立开始，因为总路线提纲中说：中华人民共和国的成立"标志着革命性质的转变、标志着新民主主义革命阶段的基本结束和社会主义革命阶段的开始"；有的认为应该从延安文艺座谈会开始，因为《在延安文艺座谈会上的讲话》提出"我们是主张社会主义的现实主义"。

周恩来在报告中说："我想，应该肯定地说，社会主义现实主义是早已存在的，并且从五四运动以来，它就已经成为文艺运动的主流。"[1]"近三十年来，共产党、无产阶级领导了中国的革命，所以近三十年来文化的主导思想就是社会主义现实主义。这是文化思想的主导，是文学艺术的方向。但是无产阶级、共产党所领导的中国人民的革命有统一战线，所以在文艺战线上也有统一战线。资产阶级、小资产阶级，甚至地主阶级的知识分子，只要他们的作品是为反帝反封建服务，为民主运动服务，我们都应该团结。可以说，社会主义现实主义在'五四'以后就有了萌芽，进步的革命的文艺工作者开始掌握了

---

[1] 中共中央文献研究室编：《周恩来文化文选》，中央文献出版社1998年版，第129页。

这个正确的方向……从延安文艺座谈会以后到新民主主义革命胜利，这个主流是明确起来了；从胜利以后到现在，应该更明确了。"① 周扬在报告中说："从'五四'开始的新文艺运动就是朝着这个方向（指社会主义现实主义——引者注）前进的，这个运动的光辉旗手鲁迅就是伟大的革命的现实主义者，在他后来的创造活动中更成为社会主义现实主义的伟大先驱者和代表者。"② 据周扬说，毛泽东不同意社会主义现实主义从宣布"过渡时期总路线"开始、从新中国成立开始和从延安文艺座谈会开始这几种说法。毛泽东认为，从五四运动开始，从中国共产党成立开始，就有了社会主义现实主义，其中最杰出的代表是鲁迅。③

这里需要注意的是，周恩来强调指出："社会主义现实主义"是主流、是方向，但不是全部。

在谈到"应该创造我们这个时代的典型人物"时，周恩来说："在文学作品中，我们应该把人物写得理想一点。"他指出："我们的理想主义，应该是现实主义的理想主义；我们的现实主义，是理想主义的现实主义。革命的现实主义和革命的理想主义结合起来，就是社会主义现实主义。"④ 周恩来是继1939年5月毛泽东提出"抗日的现实主义，革命的浪漫主义"之后，重申这个问题而且较早明确提出"两结合"的领导人之一。

---

① 中共中央文献研究室编：《周恩来文化文选》，中央文献出版社1998年版，第130—131页。
② 《周扬文集（第二卷）》，人民文学出版社1984年版，第247页。
③ 龚育之：《〈大书小识〉之九：关于人民性》，《读书》1992年第10期。
④ 中共中央文献研究室编：《周恩来文化文选》，中央文献出版社1998年版，第132页。

在谈到"提高艺术修养，努力艺术实践的问题"时，周恩来尖锐地批评了只注重政治学习生活实践、不注意艺术实践的现象。他指出："演员应该表演，歌唱家应该歌唱，没有实践，就没有进步。学习理论也好，基本训练也好，学习和训练是必要的，但是如果光有学习、训练的一面，没有实践的一面，那修养是不能到家的，在艺术上是不可能成熟的。"① 这是非常有见地的思想。

在谈到"创作有正确思想内容的优秀的文艺作品的问题"时，周恩来有一段非常重要的话。他说："在改革戏曲工作中也不能急躁，只要它在过渡时期是有益于劳动人民的，不是有害的，我们就允许它演出。艺术形式也只能根据它原来的形式逐步提高，不能生吞活剥地改造。"② 这是继 1948 年《人民日报》社论提出"无害"观点之后，作为党的领导人较早明确重申这个观点的。这个观点，是符合亿万人民共同愿望的、符合中国实际的政治标准。

周恩来的这篇报告，是较早展开论述"两结合"创作方法的文献；而且，从总体上说是一个充满闪光思想的报告，是在许多方面丰富和发展了毛泽东文艺思想的著作。10 月 8 日《人民日报》发表了题为《努力发展文学艺术的创作》的社论。社论说："这次大会着重地要求作家和艺术家经常地创作和表演，在不断地实践中逐步提高自己的水平，着重地要求文学艺术团体以及各个有关的领导部门认真地从各方面保证作家和艺术家经常创作和表演的条件，并且认真地改善他

---

① 中共中央文献研究室编：《周恩来文化文选》，中央文献出版社 1998 年版，第 133—134 页。
② 中共中央文献研究室编：《周恩来文化文选》，中央文献出版社 1998 年版，第 135 页。

们领导创作的方法，纠正各种使用行政手段和不懂事的'批评'粗暴地干涉和打击文艺创作活动的错误。这是这次大会的最重要的收获。"社论指出，"目前文艺界最迫切的任务，就是要用一切办法来鼓励创作"。[①] 这个社论并没提及"社会主义现实主义创作方法"。

五、《〈红楼梦〉研究》批判与胡风冤案

1954 年，毛泽东从支持两位青年关于《红楼梦》研究问题的批评文章开始，又领导发动了一场对胡适派资产阶级唯心主义的广泛批判。1954 年，山东大学《文史哲》月刊第九期发表了李希凡、蓝翎的文章《关于〈红楼梦简论〉及其他》。不久，在 10 月 10 日《光明日报》上又发表了他们的《评〈红楼梦研究〉》。两文都是批评俞平伯对《红楼梦》的思想和艺术的评论的。毛泽东详细阅读了这两篇文章，杠杠、圈圈画满了全篇，还写了一些批注。1954 年 10 月 16 日，毛泽东给中央政治局同志和其他有关同志写了一封信，即大家都知道的那封引起轩然大波的《关于〈红楼梦〉研究问题的信》。毛泽东在信中说："这是三十多年以来向所谓红楼梦研究权威作家的错误观点的第一次认真的开火。""事情是两个'小人物'做起来的，而'大人物'往往不注意，并往往加以阻拦，他们同资产阶级作家在唯心论方面讲统一战线，甘心作资产阶级的俘虏。"由于这封信，在文艺界、学术界开展了对俞平伯的《红楼梦》研究的批评，并发展到对胡适的

---

① 《人民日报》1953 年 10 月 8 日社论《努力发展文学艺术的创作》。

政治、学术和哲学观点的全面批判。

平心而论,李希凡、蓝翎的文章提出了一个用马克思主义历史唯物主义观点研究《红楼梦》和评价以往的"红学"研究的新问题、新任务。但是,学术批评搞成了政治运动,声势压人代替了说理论争,这就不利于对以前的"红学"作全面的、有分析的历史评价。这对以后也产生了消极影响。

1955 年 1 月,中共中央批准了中共中央宣传部《关于开展批判胡风思想的报告》,又展开了一场对胡风的文艺思想的批判。胡风是长期参加左翼文艺运动的进步的文艺理论家。对胡风的文艺思想,在进步文艺界中历来有不同意见和批评。这时,针对胡风向党中央提出的关于文艺问题的 30 万言意见书,批判猛烈展开,并且迅速变为对"胡风反革命集团"的揭露和镇压。这种把文艺思想争论当作政治斗争来进行的做法,特别是并没有经过核实的根据就把胡风和同他有联系的一批文艺工作者(其中有共产党员和党外进步作家)当作"反革命集团"来斗争的做法,完全混淆了敌我、敌友的界限,混淆了两类不同性质的矛盾。

1955 年 3 月,中共中央发出《关于宣传唯物主义思想批判资产阶级唯心主义思想的指示》,强调指出,为了实现我国的社会主义建设和社会主义改造,党的思想工作中的根本任务,就是宣传唯物主义思想,反对唯心主义思想,使广大干部和群众脱离资产阶级思想的影响,提高社会主义觉悟。而这一任务的解决,必须经过长期的努力。对于学术批评和讨论的正确开展,《指示》作出了一系列原则的规定,其中包括："学术批评和讨论，应当是说理的，实事求是的。""批评和讨论应当以研究工作为基础，反对采取简单、粗暴的态度。""解决学术的争论，应当采取自由讨论的方法，反对采取行政命令的方法。应当容许被批评者进行反批评，而不是压制这种反批评。应当容许持有不同意见的少数人保留自己的意见，而不是实行少数服从多数的原则。"在批评中，"应当坚持党的统一战线政策和团结改造知识分子的政策"，"应当分清政治上的反革命分子和学术思想上犯错误的人"，对于后者，应当"保障他们有可能继续进行对于社会有用的研究，尊重和发挥他们对社会有用的专长，并将这种专长传授给青年，同时鼓励他们积极参加学术的批评和讨论，实行自我改造"。这些规定本来是在研究这以前开展学术批评和讨论的情况和问题、总结其经验和教训的基础上提出的，是为了纠正和防止学术批评和讨论中的偏差，使之沿着正确的轨道发展而制定的。这些规定实际上为党后来提出学术上"百家争鸣"的方针作了初步的准备。可是，由于揭露和斗争"胡风反革命集团"运动的掀起，这些规定的贯彻执行受到极大的干扰而被忽视。[①]

六、"百花齐放、百家争鸣"方针的提出

1956 年这一年以基本完成对生产资料私有制的社会主义改造而载入史册，同时又以开始探索中国自己的建设社会主义的道路而载入党

---

① 胡绳主编：《中国共产党的七十年》，中共党史出版社 1991 年版，第 302—303 页。

的史册。

1956 年 1 月 14 日—20 日，中共中央召开了关于知识分子问题的会议。周恩来作了《关于知识分子问题的报告》。报告发展了他 1949 年 7 月《在中华全国文学艺术工作者代表大会上的政治报告》的观点，明确指出：知识分子已经成为我们国家的各方面生活中的重要因素，他们中间的绝大部分已经是工人阶级的一部分。[①]1956 年 3 月 5 日，刘少奇同出席中国作家协会第二次理事扩大会议的周扬、刘白羽谈话指出：对于文艺工作，"党与政府采取政治上的干涉，有的是应当的，就是干涉得对的；但是也有的干涉是粗暴的，或者干涉错了的。""对于这种干涉不论他们是文化局长或是党委书记，都要他们来一个正式决议。不要口头讲，口头上发表议论不能算数。""没有正式文件，你可以只当作个别意见，可以不听。"有文件要服从；对文件有意见，可以向上级乃至中央反映。[②]

3 月 8 日，刘少奇在听取文化部党组汇报时发表了《对于文艺工作的几点意见》的谈话。刘少奇指出："我们的方针是百花齐放，推陈出新。但'出新'不能勉强。文艺改革必须经过一定的努力。没有怀孕就要生孩子，这是不可能的。百花齐放，就允许并存，各搞各的。比如洋的土的都可以搞嘛。"他还说："自己好的要保持、发扬，外国好的东西也要吸收。世界各国的电影都要搞进来，包括美国的。一种是进步的，一种是无害的。无害的，能帮助了解情况的，也可以进口。

① 《周恩来选集（下卷）》，人民出版社 1997 年版，第 162 页。
② 《刘少奇选集（下卷）》，人民出版社 1985 年版，第 187 页。

有害的，不要进口。"①

1956 年 4 月 25 日，毛泽东在中共中央政治局扩大会议上作《论十大关系》的报告。报告以苏联经验为借鉴，初步总结了我国社会主义建设的经验，提出了探索适合我国国情的社会主义建设道路的任务。其中在谈到"中国和外国的关系"时，毛泽东指出："我们的方针是，一切民族、一切国家的长处都要学，政治、经济、科学、技术、文学、艺术的一切真正好的东西都要学。"②

同月 28 日，毛泽东在中共中央政治局扩大会议上说："'百花齐放、百家争鸣'，我看这应该成为我们的方针。艺术问题上百花齐放，学术问题上百家争鸣。"③5 月 2 日在最高国务会议第七次会议上又说："现在春天来了嘛，一百种花都让它开放，不要只让几种花开放，还有几种花不让它开放，这就叫百花齐放。"他说："百家争鸣是诸子百家，春秋战国时代，两千年前那个时候，有许多学说，大家自由争论，现在我们也需要这个。"他指出："在中华人民共和国宪法范围之内，各种学术思想，正确的错误的，让他们去说，不去干涉他们，李森科、非李森科，我们也搞不清，有那么多的学说，那么多的自然科学，就是社会科学这一派，那一派，让他们去说，在刊物上、报纸上可以说各种意见。"④

---

① 《刘少奇选集（下卷）》，人民出版社 1985 年版，第 189—193 页。

② 《毛泽东著作选读（下册）》，人民出版社 1986 年版，第 740 页。

③ 《毛泽东文集》（第七卷），人民出版社 1999 年版，第 54 页。

④ 中共中央文献研究室编：《毛泽东年谱（一九四九——一九七六）》（第二卷），中央文献出版社 2013 年版，第 575 页。

中共中央领导集体赞同毛泽东的意见，确定"百花齐放、百家争鸣"为党的科学和文化工作的方针。

5月26日，中共中央宣传部部长陆定一向自然科学家、社会科学家、医学家、文学家和艺术家作了题为《百花齐放、百家争鸣》的讲话，系统地阐述了党中央提出的"双百"方针。陆定一说，我们所主张的"百花齐放、百家争鸣"是提倡在文学艺术工作和科学研究工作中有独立思考的自由，有辩论的自由，有创作和批评的自由，有发表自己的意见、坚持自己的意见和保留自己的意见的自由。我们主张政治上必须分清敌我，我们又主张人民内部一定要有自由。"百花齐放、百家争鸣"，是人民内部的自由在文艺工作和科学工作领域中的表现。贯彻"百花齐放、百家争鸣"方针，全党必须去掉骄傲自大，坚持谦虚谨慎，尊重别人，团结一切愿意合作或可能合作的人。陆定一说："社会主义现实主义，我们认为是最好的创作方法，但并不是唯一的创作方法；在为工农兵服务的前提下，任何作家可以用任何自己认为最好的方法来创作，互相竞赛。"[①]陆定一这篇讲话，是根据毛泽东、周恩来和许多人的意见修改定稿的。

1956年8月24日，毛泽东在会见中国音乐家协会负责人时发表了谈话，这就是《同音乐工作者的谈话》。这是毛泽东继《在延安文艺座谈会上的讲话》之后的又一长篇文艺专论。《谈话》指出："马列主义的基本原理在实践中的表现形式，各国应有所不同。在中国，马

---

① 《人民日报》，1956年6月13日。

列主义的基本原理要和中国的革命实际相结合。""社会主义的内容，民族的形式，在政治方面是如此，在艺术方面也是如此。"他说："艺术有形式问题，有民族形式问题。艺术离不了人民的习惯、感情以至语言，离不了民族的历史发展。"当然，民族化不是越古越好，"民族化也不能那样化"。他说："要把外国的好东西都学到。""也要把中国的好东西都学到。"他指出："向古人学习是为了现在的活人，向外国人学习是为了今天的中国人。""中国的文化应该发展。"应该有"中国自己的、有独特的民族风格的东西"，"像鲁迅的小说那样既不同于外国的，也不同于中国古代的，它是中国现代的"①。毛泽东这篇谈话，回答了长期以来争论不休的问题：文艺的民族形式问题和如何对待外来文化问题，是一篇充满哲学色彩的文艺理论著作。

1956年9月15日—27日，中国共产党第八次全国代表大会在北京举行。刘少奇代表党中央作了政治报告。《报告》中指出："为了繁荣我国的科学和艺术，使它们为社会主义建设服务，党中央提出了'百花齐放、百家争鸣'的方针。科学上的真理是愈辩愈明的，艺术上的风格是必须兼容并包的。党对于学术性质和艺术性质的问题，不应当依靠行政命令来实现自己的领导，而要提倡自由讨论和自由竞赛来推动科学和艺术的发展。"②首次将"双百"方针和艺术"为社会主义建设服务"正式写入党的代表大会的文件中。

毛泽东在1957年2月27日《关于正确处理人民内部矛盾的问

---

① 中共中央文献研究室编：《毛泽东文艺论集》，中央文献出版社2002年版，第154页。
② 《刘少奇选集（下卷）》，人民出版社1985年版，第239页。

题》、3月12日《在中国共产党全国宣传工作会议上的讲话》中，进一步系统地论述了"百花齐放、百家争鸣"问题。他明确指出："百花齐放、百家争鸣的方针，是促进艺术发展和科学进步的方针，是促进我国的社会主义文化繁荣的方针。艺术上不同的形式和风格可以自由发展，科学上不同的学派可以自由争论。利用行政力量，强制推行一种风格，一种学派，禁止另一种风格，另一种学派，我们认为会有害于艺术和科学的发展。艺术和科学中的是非问题，应当通过艺术界科学界的自由讨论去解决，通过艺术和科学的实践去解决，而不应当采取简单的方法去解决。"他明确宣布："百花齐放、百家争鸣，这是一个基本性的同时也是长期性的方针，不是一个暂时性的方针。"①

毛泽东这两篇讲话在广大干部和知识分子中进行了传达和讨论，引起了热烈的反响。毛泽东、刘少奇分途南下，沿路作报告，要求党的干部充分认识由革命到建设的深刻转变，充分理解党采取现在的正确处理人民内部矛盾的方针，"文学艺术、科学技术会繁荣发达，党会经常保持活力，人民事业会欣欣向荣，中国会变成一个大强国而又使人可亲"。②

1957年4月10日，《人民日报》根据毛泽东在全国宣传工作会议上的讲话精神，发表了题为"继续放手，贯彻'百花齐放、百家争鸣'的方针"的社论。社论说："党内还有不少同志对于'百花齐放、百家争鸣'的方针实际上是不同意的。因此，他们就片面地收集了一些消

---

① 中共中央文献研究室编：《毛泽东文艺论集》，中央文献出版社2002年版，第184页。
② 《毛泽东文集》（第七卷），人民出版社1999年版，第291页。

极的现象加以渲染和夸大，企图由此来证明这一方针的'危害'，由此来'劝告'党赶快改变自己的方针。"社论指出，在本报1月7日所发表的《我们对目前文艺工作的几点意见》一文，就是这种倾向的代表。社论认为这种意见不是马克思主义，而是教条主义和宗派主义。

如果说1942年毛泽东发表《在延安文艺座谈会上的讲话》，提出文艺为人民大众服务，标志着马克思主义中国化文艺理论发展的第一个高峰；那么，到1956年毛泽东、党中央提出"双百"方针，则标志着马克思主义中国化文艺理论发展的又一个高峰。"二为"方向和"双百"方针，是毛泽东文艺思想的两个基本点，也是马克思主义中国化文艺理论的两个基本点。

20 世纪五六十年代毛泽东文艺思想的曲折发展

一、从党的八大后到"文化大革命"前十年毛泽东文艺思想的曲折发展

总地看，从党的八大到"文化大革命"爆发这十年探索中，党的指导思想有两个发展趋向。一个发展趋向是正确的和比较正确的趋向，这就是党在探索中国特色社会主义建设道路的过程中，形成的一些正确的和比较正确的理论观点和方针政策，积累了一些正确的和比较正确的实践经验；另一个发展趋向是错误的趋向，这就是党在探索中国特色社会主义道路的过程中，形成的一些错误的理论观点、政策思想和实践经验。这两种倾向许多时候互相交织。后一种倾向的积累和发展，导致"文化大革命"的灾难；而前一种倾向中积累起来的正确的思想和实践，则是党的十一届三中全会以来正确路线方针的先导。从 20 世纪 60 年代的情况来说，错误的趋向暂时压倒了正确的趋

向；从历史的全局来看，正确的趋向终于战胜了错误的倾向。①这个看法，同样适合这个时期社会主义文艺工作和毛泽东文艺理论与实践发展的实际情况。

这十年，毛泽东文艺思想发展形成的正确的和比较正确的观点与经验也值得重视和总结。比如，在党的八大二次会议上，毛泽东明确提出：无产阶级的文学艺术应采用革命的现实主义与革命的浪漫主义相结合的创作方法。这是在谈到大量搜集民歌时，毛泽东提出这个观点的。这一段时间，毛泽东多次讲到搜集民歌和文艺创作方法问题。3月22日，毛泽东在成都会议上作第四次讲话，提到：中国诗的出路，第一条是民歌，第二条是古典，在这个基础上产生出新诗来，形式是民族的，内容应该是现实主义与浪漫主义的对立统一，太现实了就不能写诗了。现在的新诗不成形，没有人读。②这些观点，从理论上说无疑是正确的，而且是创造性的；但在谈到具体实施时，用"大跃进"的思维发动全民写诗就过了头。

又如，1958年还有一件事应该提及。9月1日出版的《红旗》杂志第七期刊登了陆定一的文章《教育必须与生产劳动相结合》。发表前，毛泽东曾几次审阅和修改过这篇文章。8月22日那次修改时，在"过去几千年的教育，乃是奴隶主手中的教育、地主阶级手中的教育和资产阶级手中的教育"那段文字中，毛泽东加了这样一段话："中国

---

① 胡绳主编：《中国共产党的七十年》，中共党史出版社1991年版，第401—407页。
② 中共中央文献研究室编：《毛泽东年谱（一九四九——九七六）》（第三卷），中央文献出版社2013年版，第322页。

教育史有人民性的一面。孔子的有教无类，孟子的民贵君轻，荀子的人定胜天，屈原的批判君恶，司马迁的颂扬反抗，王充、范缜、柳宗元、张载、王夫之的古代唯物论，关汉卿、施耐庵、吴承恩、曹雪芹的民主文学，孙中山的民主革命，诸人情况不同，许多人并无教育专著，然而上举那些，不能不影响对人民的教育，谈中国教育史，应该提到他们。"毛泽东加写的这段话，科学地评价了中国历史人物，避免了一笔抹杀几千年教育史的偏颇，也为我们清晰地勾勒出了中国优秀文化传统的发展脉络。

再比如，1960—1962 年党中央在纠正"左"的错误中所采取的许多措施，都是很重要的。尤其是周恩来主持召开一系列座谈会，发表了一系列重要讲话。特别是，"文艺八条"的提出，非常重要。1962 年 4 月 30 日，中共中央批发中共中央宣传部、文化部党组、文联党组提出的《关于当前文学艺术工作若干问题的意见（草案）》（简称"文艺八条"）。这个文件，从 1961 年 6 月文化部召开的文艺工作座谈会和电影故事片创作会议开始提起。按照党中央的指示和周恩来的意见，中共中央宣传部、文化部和全国文联作了大量调查研究工作，并由中共中央宣传部先起草了《关于当前文学艺术工作的意见（草案）》（简称"文艺十条"），于 1961 年 8 月 1 日印发各地征求意见。这个稿子基本上包含了后来成为"文艺八条"的内容，它的精神也开始在实际工作中贯彻执行。1962 年 3 月全国话剧、歌剧和儿童剧创作座谈会后，在周恩来的督促下，由"文艺十条"经过讨论修改而成的"文艺八条"，于 1962 年 4 月报中央批转全国执行。"文艺八条"在回顾新中国成立以来的文艺工作时指出，文化艺术工作 12 年中取得了巨大的成就；但是，从 20 世纪 50 年代后期开始，文艺工作中也发生了不少缺点和错误。某些文化艺术领导部门、文艺工作单位和领导文艺工作的党员干部，没有正确理解和认真执行"百花齐放，百家争鸣"的方针，对一些文学创作和艺术活动进行了简单粗暴的批评、限制和不适当的干涉，妨碍了生动活泼的艺术创造和学术上的自由探讨；没有很好地贯彻执行党的知识分子政策，忽视同党外作家艺术家的团结合作，在党内外的思想斗争中以及在学术批判运动中，发生过一些不恰当的做法，影响了一部分人的积极性；对文化艺术工作和群众文化活动，提出了一些错误的要求，片面地追求数量，过多地占用人力和生产时间，因而对工农业生产，产生了一些不利的影响；有些领导文艺工作的党员干部在处理文学艺术的问题上，既不尊重群众的意见，又不同作家、艺术家商量，独断专行，自以为是，使党对文艺工作的领导受到了不应有的损害。

为总结经验，克服缺点，使我国社会主义文学艺术健康发展，文件提出了八条措施，主要内容是：

（1）进一步贯彻执行"百花齐放，百家争鸣"的方针。针对在文艺为政治服务口号下出现的种种弊病，对这个口号作了新的含义广泛的解释，文件指出：我们的文学艺术不仅应该鼓舞人民的革命热情和劳动热情，培养和提高人民的共产主义思想觉悟和道德品质，而且也应该有助于增长人民的知识和智慧，扩大人们的眼界，并且使他们得到正当的艺术享受和健康的娱乐，提高人民的审美能力和欣赏水平，丰富人民的精神生活。凡是能满足以上任何一种要求的作品，都是为工农兵服务，为社会主义服务，也就是为无产阶级的政治服务。把文艺为无产阶级政治服务简单地看成仅仅是宣传当时当地的中心工作，是片面的，不恰当的。文学艺术创作的题材应该丰富多样，作家、艺术家有选择和处理题材的充分自由；应鼓励文学艺术创作上的个人独创性，提倡风格多样化，发展不同的艺术流派。

（2）努力提高创作质量，即提高作品的思想性和艺术性。文件指出，为做到这一点，要提倡和帮助作家、艺术家深入群众，熟悉生活，学习马列著作和艺术技巧，反对在创作的产量和速度上强求一律。

（3）批判地继承民族文化遗产和吸收外国文化。文件指出，在整理遗产和继承传统问题上，既反对粗暴，也反对保守，鼓励实事求是的科学的研究和恰当的、适合传统艺术特点的革新。在对待外国文化问题上，既反对一概排斥，也反对不加选择地全盘接受。要有计划地整理祖国文学艺术遗产，翻译外国优秀作品，并且有选择地在群众中加以传播。

（4）正确地开展文艺批评。文件指出，文艺批评必须克服简单化、庸俗化的现象。在人民内部，对文学艺术作品的不同意见和文艺理论上的不同观点，有讨论的自由，批评的自由，也有保留意见和进行反批评的自由。

（5）保证创作时间，注意劳逸结合。

（6）培养优秀人才，奖励优秀创作。文件指出，我们反对作家、艺术家追求个人名利，但是我们需要有一大批为人民服务的并且为人民所承认的名作家、名演员、名艺术家。要实行优秀作品和优秀表演的奖励制度，制定和实行合理的稿酬制度。

（7）加强团结，继续改造。文件指出，把一切可以团结的作家、艺术家更加紧密地团结起来。人民内部的政治问题和思想问题，只能按照团结—批评—团结的方针来解决。艺术上、学术上的问题只能通过艺术实践和自由讨论来解决，不许用对敌斗争的方法来解决人民内部的问题，不许用行政命令的方法、少数服从多数的方法来解决世界观问题、学术问题和艺术问题，也不应该把学术问题和艺术问题随便引申为世界观问题，绝不要因为思想上、艺术上的分歧而缩小团结的范围。

（8）改进领导方法和领导作风。文件指出，必须加强党对文艺事业的领导，主要是思想上政治上的领导，不应该不适当地干涉学术性质和艺术性质的问题。要充分发挥文联和各协会等文艺团体的作用，要吸取一定数量的非党代表人物参加文艺团体和文艺单位的领导机构，并且使他们真正发挥作用。领导文艺工作的党员干部必须加强党性锻炼，认真学习和严格执行党的方针政策，努力熟悉业务，熟悉社会主义文学艺术发展规律，努力改进领导方法和领导作风。

这个文件的制定和执行，使党和文艺工作者的紧张关系得到缓解，工作秩序得到恢复，对中国社会主义文艺事业从总结经验中逐步形成自己的一套方针政策和具体制度起了促进作用。1962 年 5 月，为纪念毛泽东《在延安文艺座谈会上的讲话》发表 20 周年，《人民日报》发表社论，明确提出文艺"为最广大的人民群众服务"，并且提出，

20 年前后历史的变化,"我国人民已经胜利地完成了新民主主义革命,建立了中华人民共和国,正在进行社会主义建设";包括"各族工人、农民、知识分子及其他劳动人民,各民主党派和民主人士,爱国的民族资产阶级分子,爱国侨胞和其他一切爱国人士"的这个"人民民主统一战线内的以工农兵为主体的全体人民都应当是我们文艺服务的对象和工作的对象"。

从 1960 年年底到 1962 年年中的这段时间,是毛泽东文艺思想发展史上的一个重要阶段。在这一阶段,党中央特别是周恩来、陈毅等同志,在初步纠正"左"的错误、调整文艺政策中,对毛泽东文艺思想的科学内容的恢复和发展作出重要的贡献。

再比如,1964 年 9 月 27 日,毛泽东在中央音乐学院学生的一封来信上作了"古为今用,洋为中用"的批示。这是一个非常简洁的马克思主义文艺理论观点,是毛泽东文艺思想的重要内容之一。

再比如,1965 年 7 月和 1967 年 8 月他两次就画裸体模特儿问题进行批示,批评了禁止使用模特儿的"左"的做法,指出"画画是科学","画男女老少裸体 Model 是绘画和雕塑必须的基本功,不要不行,封建思想,加以禁止,是不妥的"。

二、"文化大革命"十年毛泽东文艺思想发展遭受严重挫折

"文化大革命"全面发动后,给全国各个领域带来严重破坏,其中文艺界是重灾区之一,毛泽东文艺思想的发展也遭受严重挫折,教

训极其惨痛。

在这十年，特别是后期，在纠正"左"的错误和文艺政策调整方面，毛泽东和党中央也做过一些努力。

比如，1974 年，江青等开展了对晋剧《三上桃峰》、湘剧《园丁之歌》的批判。11 月，毛泽东在湖南观看影片《园丁之歌》时，热情鼓掌，说："我看是出好戏。"

又如，1975 年第四届全国人大会后，党中央、毛泽东几次对江青及其"四人帮"提出批评。周恩来病重后，在毛泽东支持下，邓小平开始主持中央日常工作，进行政策调整和各方面整顿。7 月，毛泽东两次谈到文艺问题。7 月初，他指出："样板戏太少，而且稍微有点错误就挨批。百花齐放都没有了。别人不能提意见，不好。"7 月 14 日，毛泽东作了关于文艺问题的书面谈话，指出："党的文艺政策应该调整一下，一年、两年、三年，逐步扩大文艺节目。缺少诗歌，缺少小说，缺少散文，缺少文艺评论。"7 月 25 日毛泽东作了关于电影《创业》的批示，指出："此片无大错，建议通过发行。不要求全责备，而且罪名有十条之多，太过分了。不利调整党的文艺政策。"毛泽东批驳了江青等人对电影《创业》的指责。毛泽东还过问了小说、戏剧、电影的创作，批准了关于研究和出版鲁迅著作的建议，批准出版《诗刊》《人民文学》等文艺、学术刊物，批准纪念人民音乐家聂耳、冼星海。邓小平批准解放了一批被江青等作为"毒草"而禁锢的电影。由于毛泽东对"四人帮"一定程度的抑制，由于以邓小平为代表的中央政治局和国务院许多领导同志的共同努力和斗争，同其他领域一样，1975 年文艺工作的形势明显好转。

1976 年 10 月，党中央代表人民的利益，一举粉碎了"四人帮"，结束了长达十年之久的"文化大革命"。

十年"文化大革命"，毛泽东文艺思想遭到严重歪曲、篡改和破坏，毛泽东晚年犯了严重的错误，在文艺方面也作出一些错误的决定，提出了一些错误的观点，给党的文艺事业造成很大损失。但是，我们一定要把毛泽东晚年文艺理论与实践的错误，同作为科学体系的毛泽东文艺思想区别开来。毛泽东晚年错误要否定，毛泽东文艺思想要坚持。

毛泽东的文艺 "世界观"

作为科学体系的毛泽东文艺思想，是马克思主义与中国文艺实践相结合、与中华优秀传统文化相结合的创新成果，是以毛泽东为代表的中国共产党人的集体智慧结晶，是我们今后要继续坚持的科学世界观和方法论。

毛泽东文艺思想体系的主要内容

毛泽东文艺思想是马克思主义普遍原理与中国革命文艺运动实践相结合的科学体系。毛泽东是坚持和发展马克思列宁主义的光辉典范。他根据理论联系实际的原则,创立了毛泽东文艺思想的科学体系。毛泽东文艺思想体系的主要内容包括以下四个方面:

一、文艺工作的方向是为人民大众服务

文艺为人民大众,首先是为工农兵服务的观点,是毛泽东文艺理论的根本点。它是对马列主义文艺理论的继承和发展,是对五四运动以来我国文学革命运动和文艺创作实践经验的科学总结,具有重大的历史意义。1905 年,列宁在《党的组织和党的出版物》中首先提出,无产阶级文艺"是为千千万万劳动人民,为这些国家的精华,国家的力量,国家的未来服务"。在 20 世纪二三十年代,我国左翼文艺运动开始倡导无产阶级文学,还提倡表现"红军及工农群众的英勇战斗的伟大的题材",但由于当时思想上的弱点和条件的限制,文艺为谁服

务的问题，无论是在理论上还是在实践中都没有得到真正解决。只有到了遵义会议之后的延安时期，才有可能真正解决这个问题。1936 年毛泽东《在中国文艺协会成立大会上的讲演》中就提出了"进行工农大众的文艺创作""发扬苏维埃的工农大众文艺"的任务，到 1942 年《在延安文艺座谈会上的讲话》就系统化了。《在延安文艺座谈会上的讲话》鲜明地提出："我们的文学艺术都是为人民大众的，首先是为工农兵的，为工农兵而创作，为工农兵所利用的。"[①] 毛泽东这一论断是符合实际的。当时，"人民大众"包括四种人："最广大的人民，占全人口百分之九十以上的人民，是工人、农民、兵士和城市小资产阶级"，这四种力量都是革命的重要力量，但他们的地位和作用又不是平列的。旧中国经济文化十分落后，工人、农民和革命士兵人数最多，是革命的主力军；小资产阶级也是一支重要的革命力量，可靠的同盟者。因而，当时提倡首先为工农兵服务有科学的道理和客观的依据，尤其对于大部分出身于城市小资产阶级的文艺家来说，要求他们首先为工农兵服务就更有针对性。

　　《在延安文艺座谈会上的讲话》发表以来，在文艺服务对象的认识和实践方面，取得了巨大成绩，也经历了许多曲折，其中积累了许多经验和教训。主要是简单地，甚至僵化地理解文艺为工农兵服务，这与《在延安文艺座谈会上的讲话》的基本精神是不相符的。《在延安文艺座谈会上的讲话》所体现的是全心全意为人民服务的根本

---

① 　中共中央文献研究室编：《毛泽东文艺论集》，中央文献出版社 2002 年版，第 67 页。

宗旨。

大家知道，社会主义制度在我国建立以后，剥削阶级作为阶级已经不复存在，知识分子已经成为工人阶级的一部分，"人民群众"的含义已经远远超出了"工农兵"的范围。1961 年，周恩来《在文艺工作座谈会和故事片创作会议上的讲话》中，对文艺的服务对象作了一个新概括："为工农兵服务，为劳动人民服务，为无产阶级专政制度下的人民大众服务"，这显然是考虑到社会主义时期的特点。1962 年 5 月，为纪念《在延安文艺座谈会上的讲话》发表 20 周年，《人民日报》发表社论，明确提出文艺"为最广大的人民群众服务"，并且提出 20 年前后历史条件的变化，"我国人民已经胜利地完成了新民主主义革命，建立了中华人民共和国，正在进行社会主义建设"；包括"各族工人、农民、知识分子及其他劳动人民，各民主党派和民主人士，爱国的民族资产阶级分子，爱国侨胞和其他一切爱国人士"的"人民民主统一战线内的以工农兵为主体的全体人民都应当是我们文艺服务的对象和工作的对象"。

回头来看，1936 年毛泽东提出的"两个发扬"，其立论很全面、很科学："发扬苏维埃的工农大众文艺"，实际上就是讲文艺为人民服务；"发扬民族革命战争和抗日文艺"，实际上就是讲文艺为当时的中心任务——革命服务。1949 年 7 月，毛泽东在中央给全国文代会的贺电中提出的"一个主要任务"（主要任务就是发展生产和发展文化教育）、"一个广泛"（广泛地发展为人民服务的文艺工作）、"两个配合"（配合人民的其他文化工作和人民的教育工作，配合人民的经济建设工作），也是这个思路，讲两个服务。这就阐明了文艺、中心任务、人民三者的关系：文艺的根本方向是为人民服务，而这个服务主要通过为现阶段的中心任务服务来实现。这是一个科学的思想方法。

党的十一届三中全会以后，党中央提出"文艺为人民服务、为社会主义服务"，是对"文艺为政治服务"偏颇的纠正，是对历史经验教训的科学总结，是对毛泽东文艺思想的继承和发展。

在《在延安文艺座谈会上的讲话》中，毛泽东还详细地论述了文艺如何为人民服务的问题。他强调要处理好普及与提高的关系问题，要学习生活、学习社会，走与人民群众相结合的道路，要学习马克思主义，提高自己的思想素质，等等。

二、"百花齐放、百家争鸣"的方针，是促进艺术发展和科学进步的方针，是促进我国的社会主义文化繁荣的方针

"百花齐放、百家争鸣"的方针，是促进艺术发展和科学进步的方针，是促进我国的社会主义文化繁荣的方针。这是毛泽东《关于正确处理人民内部矛盾的问题》中的一句话。在 1956 年的最高国务会议上的《论十大关系》讲话和 1957 年的《在中国共产党全国宣传工作会议上的讲话》中，毛泽东反复讲"双百"方针问题。这是毛泽东一贯的思想，但有关概念的提出和使用，有一个逐步发展的过程。

1942 年 5 月，毛泽东在《在延安文艺座谈会上的讲话》中提出，要"容许各种各色艺术品的自由竞争"。这已经包含了"百花齐放"

的意思，但当时还没正式使用这个概念。

1942年10月，毛泽东为延安平剧院成立题词"推陈出新"。这与他以前提出的"剔除其封建性的糟粕，吸收其民主性的精华"（《新民主主义的文化》）、"我们必须继承一切优秀的文学艺术遗产，批判地吸收其中一切有益的东西"（《在延安文艺座谈会上的讲话》），以及后来在《论联合政府》中提出的对于中国古代文化"既不是一概排斥，也不是盲目搬用，而是批判地接收它，以利于推进中国的文化"、《同音乐工作者的谈话》中提出的"要把中国的好东西都学到"，一直到1964年9月27日在《关于"古为今用，洋为中用"的批示》中明确提出"古为今用"，均是一脉相承的。这些都是我们对待中国传统文化的正确方针，只不过表述不同、角度不同。其中"推陈出新""古为今用"是最简明的概括。

1951年毛泽东为中国戏曲研究院成立题词：百花齐放，推陈出新。这是公开使用"百花齐放"概念的最早记录。至于1959年9月21日新华社播发的《十年来祖国戏剧事业空前繁荣》中说："早在1950年，毛主席就亲自提出了'百花齐放，推陈出新'的方针"，目前尚未发现第一手佐证材料。

与"古为今用"同时提出的"洋为中用"，是我党对待外来文化的正确方针。关于这个问题，在前面有详细的论述。需要说明两点：第一，早在《新民主主义的文化》中，毛泽东就指出：中国在大量吸收外国的进步文化方面，工作还做得很不够。"凡属我们今天用得着的东西，都应该吸收。"①第二，1956 年毛泽东在《同音乐工作者的谈话》中指出："向古人学习，是为了现在的活人，向外国人学习是为了今天的中国人。""中国的面貌，无论是政治、经济、文化，都不应该是旧的"，"应该学习外国的长处，来整理中国的，创造出中国自己的、有独特的民族风格的东西"②。在这个过程中，就要允许试验，允许失误，允许纠正。

推陈出新、古为今用、洋为中用，都是百花齐放的应有之义。邓小平在第四次文代会上的祝词中指出，要"坚持百花齐放、推陈出新、洋为中用、古为今用的方针，在艺术创作上提倡不同形式和风格的自由发展，在艺术理论上提倡不同观点和学派的自由讨论"③。

不同形式和风格的自由发展，就是百花齐放；不同观点和学派的自由讨论，就是百家争鸣。"百花齐放、百家争鸣"方针，是 1956 年党中央在讨论"十大关系"的过程中确定的关于科学和文化工作的重要方针。4 月 25 日，毛泽东在中央政治局扩大会议上发表了《论十大关系》的讲话。4 月 28 日他在中共中央政治局扩大会议上的总结讲话中说："'艺术问题上百花齐放，学术问题上百家争鸣'，我看应该成为我们的方针。"④

1956 年 4 月 28 日，毛泽东在中共中央政治局扩大会议上的总结讲话中说："'百花齐放'是群众中间提出来的，不晓得是谁提出来

---

① 中共中央文献研究室编：《毛泽东文艺论集》，中央文献出版社 2002 年版，第 41 页。
② 中共中央文献研究室编：《毛泽东文艺论集》，中央文献出版社 2002 年版，第 154—155 页。
③ 《邓小平文选》（第二卷），人民出版社 1994 年版，第 210 页。
④ 《毛泽东文集》（第七卷），人民出版社 1999 年版，第 54 页。

的。人们要我题词，我就写了'百花齐放，推陈出新'。'百家争鸣'
这是两千年以前就有的事，春秋战国时代，百家争鸣。讲学术，这种
学术也可以讲，那种学术也可以讲，不要拿一种学术压倒一切。你讲
的如果是真理，信的人势必就会越来越多。"①5月2日在最高国务会
议第七次会议上，他又对"百花齐放"和"百家争鸣"的含义作了详细
解释。

1956年5月26日，中宣部部长陆定一向自然科学家、社会科学
家、医学家、文学家和艺术家作了题为《百花齐放、百家争鸣》的讲
话，系统阐述了党中央提出的"双百"方针。

1957年2月毛泽东在《关于正确处理人民内部矛盾的问题》，3
月在《在中国共产党全国宣传工作会议上的讲话》中，进一步系统地
论述了"双百"方针。他明确宣布："百花齐放、百家争鸣，这是一个
基本性的同时也是长期性的方针，不是一个暂时性的方针。"

1957年下半年以后反右派斗争扩大化，尤其是"文化大革命"十
年使"双百"方针受到严重破坏。1975年，毛泽东也曾尖锐地指出：
"百花齐放都没有了"，他强调党的文艺政策应该调整一下，要逐步
扩大文艺节目，逐步活跃起来。但是，调整文艺政策的工作很快又被
"反击右倾翻案风"运动打断了。直到党的十一届三中全会以后实行
拨乱反正、纠正"左"的错误，我党才更加自觉地贯彻"双百"方针。

---

① 中共中央文献研究室编：《毛泽东文艺论集》，中央文献出版社2002年版，第143页。

三、提倡现实主义与浪漫主义相结合的创作方法

前面已经说过，早在 1939 年毛泽东就提出了"抗日的现实主义，革命的浪漫主义"①。1934 年苏联正式把"社会主义现实主义"写入《苏联作家协会章程》，确定为苏联文艺创作和文艺批评的基本方法。受其影响，我国当时也曾有人提出"新民主主义的现实主义"。"抗日的现实主义"自然也由此而来。值得注意的是"革命的浪漫主义"的提出和把"抗日的现实主义"同"革命的浪漫主义"相联系的提法。这说明毛泽东作为辩证唯物主义者、历史唯物主义者和"革命的能动的反映论"者，不仅主张创作上的现实主义、反对唯心主义的艺术至上，而且又不赞成记流水账式的"写实"主义，认为艺术上的浪漫主义并非全无道理。1942 年他在《在延安文艺座谈会上的讲话》中指出："文艺作品中反映出来的生活却可以而且应该比普通的实际生活更高，更强烈，更有集中性，更典型，更理想，因此就更带有普遍性。革命的文艺，应当根据实际生活创造出各种各样的人物来，帮助群众推动历史的前进。"② 这实际上道出了革命浪漫主义的特质。

1958 年 3 月 22 日，毛泽东在成都会议上的讲话中提到，我看中国诗的出路，恐怕是古典同民歌这两个东西结婚，产生第三个东西。形式是民族的形式，内容应该是现实主义与浪漫主义的对立统一。同年 5 月 8 日在党的八大二次会议上，他明确提出：革命精神应与

① 中共中央文献研究室编：《毛泽东文艺论集》，中央文献出版社 2002 年版，第 24 页。
② 中共中央文献研究室编：《毛泽东文艺论集》，中央文献出版社 2002 年版，第 64 页。

实际精神统一，要把俄国的革命热情和美国的实际精神统一起来。在文学上，就是革命的浪漫主义和革命的现实主义的统一。①

对于创作方法，毛泽东还认为，只能提倡不能强迫。这在《毛泽东与"两结合"创作方法》一节中已有论述，还引用了 1956 年 5 月经他审阅的陆定一在《百花齐放、百家争鸣》一文中的一段话，以及经他审阅的 1958 年 2 月周扬在《文艺战线上的一场大辩论》一文中的一段话，毛泽东在审阅此文时，还在这段话后加了一句话。这里不再详述。

邓小平在第四次文代会上也明确强调了这一点："在文艺创作、文艺批评领域的行政命令必须废止。"②

四、统一战线同时是艺术的指导方向

统一战线同时是艺术的指导方向，是毛泽东在 1938 年提出的。1940 年在《新民主主义论》中，1942 年在《在延安文艺座谈会上的讲话》中，1944 年在《文化工作中的统一战线》中，以及在新中国成立后的许多著作中，毛泽东都谈到了这个问题，说明问题之重要。当然，在这些著作中，论述角度、阐述层次不尽相同。但说到底其中有两个问题，一个是文艺界的统一战线问题，即增强和扩大文艺界的团结问题；另一个是文艺工作的统一战线问题，即增强和扩大党和文艺

① 中共中央文献研究室编：《毛泽东年谱（一九四九——一九七六）》（第三卷），中央文献出版社 2013 年版，第 346 页。
② 《邓小平文选》（第二卷），人民出版社 1994 年版，第 213 页。

界的团结问题。

关于文艺界的统一战线问题，毛泽东认为有三个层次：第一是在文艺的政治方向上，第二是在民主上，第三是在艺术方法艺术作风上。①

在文艺政治方向上的统一战线，就是指在服务和服从于特定历史阶段党的中心任务这一点上团结起来。当时中国的中心任务是抗日，"因此党的文艺工作者首先应该在抗日这一点上和党外的一切文学家艺术家（从党的同情分子、小资产阶级的文艺家到一切赞成抗日的资产阶级地主阶级的文艺家）团结起来"②。党的十一届三中全会后，党中央和邓小平同志提出坚持四项基本原则基础上的团结和统一、增强以社会主义为政治基础的团结、文艺为社会主义服务，等等，都是在这个层次上讲的。在这个问题上，我们要防止否定文艺政治方向的资产阶级自由化观点，更要汲取"文艺从属于政治""政治标准第一"的沉痛教训。

在民主上团结起来，就是要建立爱国主义基础上的更广泛的统一战线。在过去，只要不阻碍抗日；在今天，只要是爱国、赞成祖国统一，即使不赞成社会主义制度的人也要积极争取团结。文艺作品的内容也不应该是单一的，邓小平在第四次文代会指出："英雄人物的业绩和普通人们的劳动、斗争和悲欢离合，现代人的生活和古代人的生活，都应当在文艺里得到反映。""我们衷心祝愿文艺队伍更加团结壮大，

---

① 中共中央文献研究室编：《毛泽东文艺论集》，中央文献出版社 2002 年版，第 71 页。
② 同上。

不论是专业的或是业余的文艺工作者，一切社会主义的和爱国的文艺工作者，一切维护祖国统一的文艺工作者，都要更好地互相帮助、互相学习，把全部精力集中于文艺的创作、研究或评论。"①

在艺术方法、艺术作风上团结起来，是毛泽东一贯强调的。关于艺术方法，前面已经提到，毛泽东主张社会主义的现实主义，但反对搞强迫，不能强求一律；艺术作风上，也要提倡不同形式和风格的自由发展，提倡不同观点和学派的自由讨论。如同列宁所说，在文学事业中，"绝对必须保证有个人创造性和个人爱好的广阔天地，有思想和幻想、形式和内容的广阔天地"。

总之，文艺的统一战线是三个层次，而不是两个，更不是一个层次，尤其要防止把艺术问题上升为政治问题。要贯彻邓小平在四次文代会上提出的思想："对实现四个现代化是有利还是有害，应当成为衡量一切工作的最根本的是非标准。"②

增强和扩大党同文艺界的团结，较之文艺界内部的团结更为重要，因为某种程度上说，它起决定作用，在党取得执政地位以后尤其如此。因而必须加强和改善党对文艺工作的领导。

加强和改善党对文艺工作的领导，有许多工作要做，在这个问题上有过右的干扰，但根深蒂固的问题还是"左"。我们要旗帜鲜明地反对资产阶级自由化，但要注意方式方法，切忌以"左"反右，这样不但右反不掉，而且还会使"左"的东西发展。在第四次文代会上，

① 《邓小平文选》(第二卷)，人民出版社 1994 年版，第 210—212 页。
② 《邓小平文选》(第二卷)，人民出版社 1994 年版，第 209 页。

邓小平鲜明地指出："党对文艺工作的领导，不是发号施令，不是要求文学艺术从属于临时的、具体的、直接的政治任务，而是根据文学艺术的特征和发展规律，帮助文艺工作者获得条件来不断繁荣文学艺术事业，提高文学艺术水平，创作出无愧于我们伟大人民、伟大时代的优秀的文学艺术作品和表演艺术成果。"① 这是邓小平对毛泽东文艺思想的发展和贡献。

党对文艺事业的领导是政治原则、政治方向的领导。党要制定正确的文艺方针、政策，做好思想政治工作，保证文艺沿着正确的方向发展；要通过党组织的保证监督作用和党员的先锋模范作用去开展工作；按德才兼备的标准向文艺部门推荐重要干部人选，加强领导班子建设。党的领导机关要充分尊重文艺的特点和规律，对具体的作品和学术观点，只要不违反宪法、法律和国家有关规定，不违背四项基本原则，都应该允许存在。党的领导者要正确执行党的路线、方针和政策，努力探索和研究在新的历史条件下领导好文艺工作的方式和方法，要尊重、理解和关心文艺工作者，充分调动他们的积极性，团结一致，促进文艺事业长期繁荣发展。

以上四点，是毛泽东对毛泽东文艺思想的主要贡献。毛泽东晚年犯过错误，因而，学习、研究毛泽东文艺思想，还必须把毛泽东文艺思想同毛泽东晚年错误区别开来；必须同学习邓小平、江泽民、胡锦涛和习近平总书记关于文艺工作的重要论述结合起来；必须同学

---

① 《邓小平文选》（第二卷），人民出版社 1994 年版，第 213 页。

习党的十一届三中全会以来党的有关文献，尤其是与党的第二个、第三个"历史决议"等结合起来。总之，要面对新情况、研究新问题、提出新观点，发展毛泽东文艺思想，进一步繁荣中国特色社会主义文艺。

《在延安文艺座谈会上的讲话》的实质

　　1936 年在中国文协成立大会上，毛泽东就明确提出了文艺为人民大众服务的思想。但这个指导思想在全党的确立，是《在延安文艺座谈会上的讲话》发表之后。抗日战争爆发以后，大批文艺工作者从敌占区和国民党统治区来到延安，为发展革命文艺事业作出积极的贡献。但由于出身、经历、思想等方面的局限，他们中的一些人在文艺为什么人服务的问题上认识还不清楚。在这种情况下，中共中央决定在延安杨家岭召开延安文艺工作者座谈会，进行一次文艺整风。这是延安整风运动的一个重要组成部分。座谈会从 1942 年 5 月 2 日开始，5 月 23 日结束。参加会议的有七八十人。座谈会前，毛泽东曾找文艺界的同志详细了解情况，然后确定了他在座谈会上讲话的内容。座谈会的全体会议一共开了三次。第一次是 5 月 2 日，毛泽东作了启发性的讲话，这就是《讲话》的"引言"部分。第二次是 5 月 8 日毛泽东参加会议，认真听取了大家的讨论，并记下了发言的要点和问题。第三次是 5 月 23 日，毛泽东在座谈会上作了结论性的报告。这就是《讲话》的"结论"部分。"引言"和"结论"合起来就构成了《在延安文艺座谈会上的讲话》。

　　简言之,《讲话》的主要内容有两个:第一,文艺为什么人服务;第二,文艺如何为人民大众,首先是为工农兵服务。在引言中,毛泽东指出,会议的目的是要和大家交换意见,研究文艺工作和一般革命工作的关系问题,求得革命文艺的正确发展,求得革命文艺对其他革命工作的更好协助,借以打倒我们民族的敌人,完成民族解放的任务。为此,必须解决文艺工作者的立场问题、态度问题、工作对象问题和学习问题。在"结论"中,毛泽东全面地总结了五四运动以来我国革命文艺运动的历史经验,阐明和发展了马克思列宁主义的文艺思想,回答了中国无产阶级文艺发展道路上一些重要的理论和政策问题。他指出:"为什么人的问题,是一个根本的问题、原则的问题。"要求广大文艺工作者,首先要解决立场问题,即站在无产阶级的和人民大众的立场,对于共产党员来说,也就是要站在党的政策的立场,为人民大众服务,首先是为工农兵服务,为工农兵而创作,为工农兵所利用,使文艺成为团结人民、教育人民、打击敌人、消灭敌人的有力武器。在《讲话》中,毛泽东详细地阐述了如何为工农兵服务的问题,他强调,文艺工作者要深入到广大工农兵群众中去,并在长期的共同生活中,改造自己的思想感情,使之与工农兵大众的思想感情打成一片,同时要努力学习马克思主义,学习社会研究社会上的各个阶级,研究它们的相互关系、面貌和心理,以使文艺有丰富的内容和正确的方向;他强调要处理好普及与提高的关系问题。

在《讲话》中，毛泽东还论述了党的文艺工作与党的整个工作的关系、文艺界的统一战线和文艺批评问题，提出："文艺服从于政治"，"文艺批评有两个标准，一个是政治标准，一个是艺术标准"，而且，"以政治标准放在第一位，以艺术标准放在第二位"，等等，这些提法，有当时的客观原因，对以后的文艺工作也产生了不利影响，今天看来有不确切之处。尽管如此，《讲话》仍然是一篇具有深远历史意义的重要文献，而且对建设中国特色社会主义文艺仍有重要指导意义。

那么，应当怎样领会《讲话》的精神实质呢？

一、文艺为人民大众、首先是为工农兵服务的观点，是毛泽东文艺理论的根本点

文艺为人民大众、首先是为工农兵服务这一观点，是对五四运动以来我国文学革命运动和文艺创作实践经验的科学总结，是对马列主义文艺理论的继承和发展，具有历史意义。

1905 年，列宁首先提出，无产阶级文艺"不是为饱食终日的贵夫人服务，不是为百无聊赖、胖得发愁的'几万上等人'服务，而是为千千万万劳动人民，为这些国家的精华，国家的力量，国家的未来服务"。在 20 世纪二三十年代，我国左翼文艺运动开始倡导无产阶级文学，也提出文艺大众化问题，还提倡表现"红军及工农群众的英勇战斗的伟大的题材"，但由于当时思想上的弱点和条件的限制，文艺为谁服务的问题不论在理论上还是在实践中都没有得到真正的解决。只

有到了遵义会议之后的延安时期，革命的经验丰富了，毛泽东思想发展成熟了，才有可能真正解决这个问题。毛泽东结合我国的具体实际，鲜明地提出："我们的文学艺术都是为人民大众的，首先是为工农兵的，为工农兵而创作，为工农兵所利用的。"毛泽东提出文艺为人民大众服务，首先为工农兵服务，在当时以至以后一定历史时期内是完全正确的，特别是在《在延安文艺座谈会上的讲话》发表的抗日战争年代。在新民主主义革命时期，"人民大众"包括四种人："最广大的人民，占全人口百分之九十以上的人民，是工人、农民、兵士和城市小资产阶级。"这四种力量都是革命的重要力量，但他们的地位和作用又不完全一样。旧中国经济文化十分落后，小资产阶级是一个为数众多的、重要的革命力量，可靠的同盟者；工人、农民和革命士兵，人数最多，是革命的中坚和主体，是主力军。因而当时提倡首先为工农兵服务有科学的道理和客观的依据。尤其对于大部分是城市小资产阶级的文艺工作者来说，要求他们为工农兵服务就更有针对性。

《在延安文艺座谈会上的讲话》发表以后的历史，显示了文艺为人民大众服务、为工农兵服务口号的巨大力量。它促进了文学艺术家与工农兵群众的结合，使绝大多数小资产阶级文学艺术家成为无产阶级的文艺家，从而也培养出了一大批工农兵文学艺术家，使表现工农兵群众的文艺作品大量涌现，使革命文艺出现了新的繁荣。在国民党统治区，由于《在延安文艺座谈会上的讲话》的直接和间接的影响，广大进步的和革命的文艺工作者冲破了严重的白色恐怖，创作了许多揭露国民党反动统治、表现群众革命斗争的作品，有力地推动了新民主主义革命进程。

二、要用全面的、发展的观点理解"文艺为人民大众、首先是为工农兵服务"这一口号

《在延安文艺座谈会上的讲话》发表以来，在文艺服务对象的认识和实践方面，我们取得了巨大成绩，也经历了许多曲折，积累了许多经验教训，主要是简单地甚至僵滞地理解文艺为工农兵服务。

1948 年前后，解放区出版了一套《中国人民文艺丛书》，某种程度上反映了人们对文艺服务对象的理解，这套丛书共选编了百余篇作品，据统计，其中写抗日战争、解放战争与人民军队的 101 篇；写农村土地斗争及其他反封建斗争的 41 篇；写工农业生产的 16 篇；写土地革命等历史题材的 7 篇；其他如干部作风等 2 篇。这套丛书大体反映了《在延安文艺座谈会上的讲话》发表后 7 年间解放区文艺创作的面貌。这些作品几乎全部是写工农兵的。从总体上说这是一件好事。然而，工农兵并不是人民大众的全部，首先为工农兵服务，不能简单理解为只写工农兵。诚然，在解放区当时的激烈战争环境下出现这种情况是完全可以理解的；但是，在新中国成立后，在大规模的暴风骤雨式的革命战争结束后，在人民范围大大扩大后，这种情况应做相应的改变。

1956 年，我国社会主义改造基本完成，社会主义制度建立以后，党中央提出了"百花齐放，百家争鸣"的方针，促进了文艺事业的繁

荣和发展，但由于后来文艺指导思想发生了失误，创作题材上的片面性不但没有根本纠正，反而为林彪、"四人帮"所利用，错误理论的调子越来越高，社会主义文艺的路子越走越窄。这样的教训是深刻的。

《在延安文艺座谈会上的讲话》提出文艺"为人民大众、首先是为工农兵服务"，是一个完整的概念，二者是统一的，将二者割裂开来、对立起来，甚至片面强调"为工农兵服务"都是错误的。这与《讲话》的基本精神是背道而驰的。《讲话》所体现的是全心全意为人民服务的根本宗旨。

形而上学的另一个表现就是用僵化的观点理解"文艺为人民服务，首先为工农兵服务"，不顾社会主义时期社会条件的变化，认识落后于实践的发展。大家知道，社会主义制度在我国建立以后，剥削阶级作为阶级已经不复存在，知识分子已经成为工人阶级的一部分，"人民群众"的含义已经远远超出了工农兵的范围。

三、"为人民大众服务"仍然是我们的原则

党的十一届三中全会以后，党中央把实践作为检验真理的唯一标准，根据客观形势的变化，明确提出，我们的文艺工作总的口号应当是"文艺为人民服务、为社会主义服务"。

我们的文艺工作是整个社会主义事业的组成部分。为人民服务，这是一切革命工作的根本宗旨。社会主义是现阶段人民利益的根本所

在。人民物质和文化生活的提高，依赖于社会主义物质文明和精神文明的不断发展，依赖于社会主义制度的不断巩固和逐步完善。离开了为人民服务、为社会主义服务，文艺工作难道还有其他目的吗？ 没有。这是我们的唯一目的。为人民服务，就是为除一小撮敌对分子外的全体人民群众服务，就是为广大的工人、农民、士兵、知识分子、干部和一切拥护社会主义、一切热爱祖国的人服务。为社会主义服务，就是为建设中国特色社会主义服务，就是为社会主义现代化建设和改革开放事业服务。

四、文艺为人民服务的现实紧迫性

在《讲话》中，毛泽东提出，文艺为人民服务必须走与群众相结合的道路，要熟悉广大人民群众的生活，要学习马克思列宁主义、学习社会。他说："我们的文艺工作者一定要完成这个任务，一定要把立足点移过来，一定要在深入工农兵群众、深入实际斗争的过程中，在学习马克思主义和学习社会的过程中，逐渐地移过来；移到工农兵这方面来，移到无产阶级这方面来。"他强调指出："只有这样，我们才能有真正为工农兵的文艺，真正无产阶级的文艺。"半个世纪过去了，我们的文艺队伍状况已经与以前大不相同了。我们的文艺工作者绝大多数已经成为工人阶级的一部分，已经成为社会主义的知识分子了，不存在转变立场的问题了。但是，文艺工作者仍然需要深入实际、深入生活，仍然需要学习社会、学习马克思主义。文艺为人民服务、为社会主义服务的任务依然十分艰巨，而且随着社会主义现代化建设的蓬勃发展和改革开放的不断深入，文艺事业面临着新的形势和任务。那么，在新形势下，文艺工作应该如何贯彻《讲话》精神，应该如何更好地为人民服务、为社会主义服务呢？我们认为应该做到如下几点：

第一，学习生活、学习社会，走与人民群众相结合的道路。

生活是艺术的源泉。人民是文艺工作者的母亲。既然我们的文艺是为人民服务、为社会主义服务的，那么毫无疑问，文艺工作者应当投身到社会主义现代化建设的伟大洪流中去，力求用马克思主义的科学世界观，用工人阶级的思想感情和审美观点，描写最广大人民群众的生活、斗争和理想，反映最广大人民群众的根本利益，永远紧密地与时代的群众相结合，做他们忠实的代言人。过去、现在和未来，这都是摆在文艺工作者面前的最重要的任务。作家应当写自己熟悉的生活，但生活总是不断发展的、历史总是前进的，总是向他们提出熟悉新生活、跟上时代前进步伐的要求。文艺的题材是无比广阔的，但是作家不论写什么，都要熟悉自己的服务对象，永远扎根于群众之中。正像邓小平同志在第四次全国文代会上所指出的那样："人民是文艺工作者的母亲。一切进步文艺工作者的艺术生命，就在于他们同人民之间的血肉联系"，"自觉地在人民的生活中汲取素材主题、情节、语言、诗情和画意，用人民创造历史的精神来哺育自己，这就是我们社会主义文艺事业兴旺发达的根本道路"。

第二，学习马克思主义，提高自己的思想素质。

广大文艺工作者不仅要学习文艺理论和科学知识，还应当努力学习马克思列宁主义、毛泽东思想，学习党的十一届三中全会以来的路线、方针和政策，以提高自己的思想水平和创作水平。当今世界日新月异，不学习，就很难树立科学的世界观，就很难正确地反映新生活，就很难面对新情况、解决新问题。

当然，广大文艺工作者也要处理好马克思主义与创作的关系。马克思主义对正确认识生活、表现生活有指导意义，但学习马克思主义不可能代替创作。正如《讲话》所指出的那样："学习马克思主义，是要我们用辩证唯物论和历史唯物论的观点去观察世界，观察社会，观察文学艺术，并不是要我们在文学艺术作品中写哲学讲义。马克思主义只能包括而不能代替文艺创作中的现实主义，正如它只能包括而不能代替物理科学中的原子论、电子论一样。"

第三，坚定不移地贯彻"双百"方针，促进文艺事业的繁荣。

为了保证文艺沿着"二为"方向繁荣起来，必须坚决贯彻"双百"方针，文艺创作作为一种特殊的精神劳动，尤其需要发扬个人的创造精神。要进一步创造一个让文艺家能够潜心创作的安定团结、民主和谐的社会环境。写什么，怎么写，文艺家应当享有充分的自由。应该切实保障创作自由和评论自由，鼓励创造提倡风格、流派、学派的自由竞赛，提倡利学的实事求是的批评和反批评。只有这样，才能促进社会主义文艺的真正繁荣，才能满足广大人民群众的多种文化需要，文艺才能真正为人民服务，为社会主义服务。社会主义文艺是政治方向一致性和内容、形式、风格、流派多样性的统一。我们的文艺家在"二为"的根本方向上应当是共同的，在建设中国特色社会主义和维护祖国统一的根本任务上应当是一致的。离开"二为"，"双百"就失去了方向；离开"双百"，"二为"就不能实现。二者是辩证统一的，统一在建设中国特色社会主义文艺的实践中。

第四，努力改善和加强党对文艺事业的领导，促进文艺事业长期稳定发展。

党对文艺事业的领导是政治原则、政治方向的领导。党要制定正确的文艺方针、政策，做好思想政治工作，保证文艺沿着正确的方向发展；要通过党组织的保证监督作用和党员的先锋模范作用去开展工作；按德才兼备的标准向文艺部门推荐重要干部人选，加强领导班子建设。党的领导机关要充分尊重文艺的特点和规律，对具体的作品和学术观点，只要不违反宪法、法律和国家有关规定，不违背四项基本原则，都应该容许它存在。党的领导者要正确执行党的路线、方针和政策，努力探索和研究在新的历史条件下领导好文艺工作的方式和方法，要尊重、理解和关心文艺工作者，充分调动他们的积极性，团结一致，促进文艺事业长期稳定发展。

另外，深化文艺体制改革、完善文艺管理机制，等等，也是保证和贯彻"二为"方针的重要条件。

总之，我们只要正确领会《讲话》精神，只要坚持和发展毛泽东文艺思想，只要认真学习邓小平《在中国文学艺术工作者第四次代表大会上的祝词》，认真学习党的十一届三中全会以来党的文艺方针和政策，只要坚持"二为"方向和"双百"方针，只要一切爱国的、拥护社会主义的文艺家和一切维护祖国统一的，包括台湾同胞、港澳同胞和海外侨胞中的文艺家团结起来共同奋斗，我国的社会主义文艺事业，必将有一个长期稳定的发展，必将会空前繁荣。

"两结合"创作方法的提出

一、"两结合"思想由来已久

鲁迅艺术学院成立一周年纪念日应当是 1939 年 4 月 10 日,但因为当时突击开荒,周年纪念大会改在 1939 年 5 月 10 日举行。毛泽东、朱德、张闻天、刘少奇、陈云、李富春等出席纪念大会,并为鲁艺题词。毛泽东的题词是:抗日的现实主义,革命的浪漫主义。

毛泽东的题词极其重要。这说明毛泽东提倡革命的现实主义与革命的浪漫主义相结合的创作方法由来已久,而且是一以贯之的。

1934 年苏联正式把"社会主义现实主义"写入《苏联作家协会章程》,将其确定为苏联文艺创作和文艺批评的基本方法。受苏联影响,我国当时也曾有人提出"新民主主义的现实主义""抗日的现实主义"。值得注意的是,"革命的浪漫主义"的提出和把"抗日的现实主义"同"革命的浪漫主义"相联系的提法。这说明,毛泽东作为辩证唯物主义者、历史唯物主义者和"革命的能动的反映论"者,不仅主张创作上的现实主义，反对唯心主义的艺术至上，而且又不赞成记流水账式的"写实主义，认为艺术上的浪漫主义并非全无道理"。1942年，他在讲话中指出："文艺作品中反映出来的生活却可以而且应该比普通的实际生活更高，更强烈，更有集中性，更典型，更理想，因此就更带普遍性。革命的文艺，应当根据实际生活创造出各种各样的人物来，帮助群众推动历史的前进。"[①] 这实际上道出了革命浪漫主义的特质。

二、"两结合"口号的明确提出

1958 年 3 月 22 日在成都会议上，当谈到搜集民歌问题时有一段话很能说明毛泽东的观点。他提到，我看中国诗的出路恐怕是两条：第一条是民歌，第二条是古典，这两面都要提倡学习，结果要产生一个新诗。现在的新诗不成形，不引人注意，谁去读那个新诗。将来我看是古典同民歌这两个东西结婚，产生第二个东西。形式是民族的形式，内容应该是现实主义与浪漫主义的对立统一。他还说："太现实了就不能写诗了。"同年 5 月 8 日在党的八大二次会议上，他明确提出：革命精神应与实际精神统一，要把俄国的革命热情和美国的实际精神统一起来。在文学上，就是革命的浪漫主义和革命的现实主义的统一。

---

① 中共中央文献研究室编：《毛泽东文艺论集》，中央文献出版社 2002 年版，第 64 页。

三、对"社会主义现实主义"的独到见解

新中国成立后，受苏联影响，我国也提出了"社会主义现实主义"的口号。毛泽东对这个口号有独到的见解。

第一，中国的社会主义现实主义，从五四运动开始、从鲁迅开始。

龚育之同志在他的系列文章《大书小识》之九《关于"人民性"》中，专门就这个问题介绍了一些新材料。现将其中有关段落摘录如下：

一九五三年九月开中国文学艺术工作者第二次代表大会。当时正值党中央向全国宣布了向社会主义过渡的总路线，在文艺上，"社会主义现实主义"已被宣布为"中国文学前进的道路"。在文艺界发生争论：中国的社会主义现实主义文艺从何时开始？有的认为应从宣布过渡时期总路线开始，因为这以前都是讲新民主主义，这时才提出向社会主义过渡的任务。有的认为应从中华人民共和国成立开始，因为总路线提纲中说：中华人民共和国的成立"标志着革命性质的转变、标志着新民主主义革命阶段的基本结束和社会主义革命阶段的开始"。有的认为应从延安文艺座谈会开始，因为毛泽东在这次座谈会上的讲话就已提出"我们是主张社会主义的现实主义的"（最初发表的文本是"无产阶级现实主义"——引者注）。

我曾从周扬那里听说，毛泽东不同意这几种看法，毛泽东认为，从五四运动开始，从共产党成立开始，就有了社会主义现实主义，其中最杰出的代表是鲁迅。周扬在第二次文代会上的报告说："从五四

运动开始的新文艺运动就是朝着这个方向（指社会主义现实主义——引者注）前进的，这个运动的光辉旗手鲁迅就是伟大的革命现实主义者，在他后来的创造活动中更成为社会主义现实主义的伟大先驱者和代表者。"（《周扬文集》第二卷，第247页）这些话，显然是根据毛泽东的指示精神写的。

谈中国文学史，不忘记有人民性的民主文学，谈中国无产阶级的社会主义的文学史，不以《讲话》而以鲁迅为开端，表现了无产阶级应有的不同于狭隘宗派的宽广胸怀。①

龚育之同志提供的材料鲜为人知。他提出的见解非常深刻。

第二，社会主义现实主义，是最好的，但不是唯一的创作方法，只能提倡，不能强迫。

对于创作方法，毛泽东还认为，只能提倡不能强迫。1956年5月经他审核的陆定一的讲话《百花齐放、百家争鸣》中就有这样一段话："社会主义现实主义，我们认为是最好的创作方法，但并不是唯一的创作方法；在为工农兵服务的前提下，任何作家可以用任何自己认为最好的方法来创作，互相竞赛。②1958年2月周扬在《文艺战线上的一场大辩论》一文中也表达了同样的意思："我们认为社会主义现实主义是最好的创作方法，但这只能向作家提倡，鼓励作家提高马克思列宁主义的思想修养，密切和劳动人民的联系，使社会主义思想真正成为作家的血肉和灵魂。"这篇文章也是经毛泽东审阅过的。

① 《读书》1992年第10期。
② 陆定一文章发表于《人民日报》1956年6月13日。

"百花齐放，推陈出新"题词的考证

早在 1942 年 10 月延安平剧研究院成立时，毛泽东就写下了"推陈出新"的题词。1951 年成立中国戏曲研究院时，应院长梅兰芳的请求，毛泽东又题写了"百花齐放，推陈出新"。

一、到底是什么时间，为哪里题词？

关于"百花齐放，推陈出新"这个题词，我们过去见到的手迹，一般只有这八个字和毛泽东的署名，但是什么时间，为什么地方题的词呢？目前有两种说法：1984 年 5 月由中共中央档案馆编辑、人民美术出版社和档案出版社出版的《毛泽东题词墨迹选》和 1989 年 10 月中共中央党校出版社出版的《毛泽东思想辞典》，都说是 1952 年毛泽东给第一届全国戏曲观摩演出的题词；而 1982 年 6 月新华出版社出版的《中华人民共和国大事记（1949—1980）》和 1988 年 11 月中央文献出版社出版的《建国以来毛泽东文稿（第二册）》都注明，这是 1951 年毛泽东为中国戏曲研究院成立题的词。到底哪种说法准确？据中共中央文献研究室毛泽东研究组边彦军同志说，在编辑《建国以来毛泽东文稿（第二册）》时，他曾经去梅兰芳纪念馆核查过手迹，是 1951 年题词，这毫无问题。《毛泽东论文艺（增订本）》送中央文献研究室审核时，正好又是他具体承担审核工作。为了做到准确无误，1992 年 1 月北风呼啸、又雨又雪的一天，我们两个再次来到坐落在北京护国寺的梅兰芳纪念馆。馆长热情地接待了我们。她拿出了一本漂亮的《梅兰芳画册》，其中就有毛泽东的这个题词手迹。不仅如此，在题词之前还有毛泽东题写的"中国戏曲研究院"几个字，而且题字、题词、署名是连在一起写在一张纸上的。这就足以证明《建国以来毛泽东文稿（第二册）》和《中华人民共和国大事记（1949—1980）》是准确的。

中国戏曲研究院成立于 1951 年 4 月 3 日，但据梅兰芳夫人福芝芳说：中国戏曲研究院成立，事先梅兰芳请毛泽东题词，"三月下旬，毛主席派人送来亲笔题词"。[1] 时隔 20 多年，福芝芳的记忆是否十分确切？是 3 月底，还是 4 月初？具体日期很难断定。所以，《毛泽东论文艺（增订本）》与《建国以来毛泽东文稿（第二册）》一样，只注明"一九五一年"。

关于 1952 年的说法，极有可能是第一届全国戏曲观摩演出大会时公开使用了给中国戏曲研究院的题词，因为对照《毛泽东题词墨迹选》和梅兰芳纪念馆保存的手迹影印件，不难看出，来源于一个母

---

[1] 《回忆党教育下的梅兰芳同志》，《人民日报》，1978 年 8 月 8 日。

本，只是《毛泽东题词墨迹选》制版更精确。

至于 1959 年 9 月 21 日新华社播发的《十年来祖国戏剧事业空前繁荣》的消息中说：早在 1950 年毛泽东就亲自提出了"百花齐放，推陈出新"的方针，就不知根据什么而来了。是笔误、校对错误？还是确有根据？但目前没有发现第一手材料。

二、一个反复论述的观点

"推陈出新"，与毛泽东 1940 年在《新民主主义的文化》中提出的"剔除其封建性的糟粕，吸收其民主性的精华"，与 1942 年《在延安文艺座谈会上的讲话》中提出的"我们必须继承一切优秀的文学艺术遗产，批判地吸收其中一切有益的东西"，与 1945 年在《论联合政府》中提出的对于中国古代文化"既不是一概排斥，也不是盲目搬用，而是批判地接收它，以利于推进中国的文化"，与 1956 年在《同音乐工作者的谈话》中提出的"要把中国的好东西都学到"，以及与 1964 年在《关于"古为今用，洋为中用"的批示》中提出的"古为今用"，这些都是我们对待中国传统文化的正确方针。只不过它们表述不同、角度不同。其中"推陈出新"和"古为今用"是最简明的概括。"推陈出新""古为今用""洋为中用"，都是百花齐放的应有之义。

关于"双百"方针提出的几个材料

一、"我看应该成为我们的方针"

前面说到，"百花齐放，推陈出新"，是 1951 年毛泽东的题词。"百花齐放、百家争鸣"方针，是 1956 年在讨论《论十大关系》的过程中，毛泽东和党中央确定的关于科学和文化工作的重要方针。4 月 25 日毛泽东在中央政治局扩大会议上发表了《论十大关系》的讲话，28 日他在会上说，艺术问题上百花齐放，学术问题上百家争鸣，我看应该成为我们的方针。

二、"百种花都让它开放，不要只让几种花开放"

1956 年 5 月 2 日毛泽东在最高国务会议第七次会议上又说：现在春天来了嘛，一百种花都让它开放，不要只让几种花开放，还有几种花不让它开放，这就叫百花齐放。①

三、"在宪法范围之内，各种学术思想，正确的，错误的，让他们去说，不去干涉他们"

在这个讲话中他还说：百家争鸣，是说春秋战国时代，二千年以前那个时候，有很多学派，诸子百家，大家自由争论。现在我们也需要这个。他指出：在中华人民共和国宪法范围之内，各种学术思想，正确的、错误的，让他们去说，不去干涉他们。李森科，非李森科，我们也搞不清，有那么多的学说，那么多的自然科学学派，就是社会科学，也有这一派、那一派，让他们去谈。在刊物上、报纸上可以说各种意见。②

四、"这是一个基本性的同时也是长期性的方针"

1956 年 5 月 26 日，中宣部部长陆定一向自然科学家、社会科学家、医学家、文学家和艺术家作了题为《百花齐放、百家争鸣》的讲话，系统阐述了党中央提出的"双百"方针。

1957 年 2 月 7 日毛泽东在《关于正确处理人民内部矛盾的问题》的讲话和 3 月 12 日《在中国共产党全国宣传工作会议上的讲话》，进

---

① 中共中央文献研究室编：《毛泽东文艺论集》，中央文献出版社 2002 年版，第 144 页。
② 同上。

一步系统地论述了"双百"方针。他明确宣布："百花齐放、百家争鸣，这是一个基本性的同时也是长期性的方针，不是一个暂时性的方针。"

1957 年下半年以后反右派斗争的扩大化，尤其是"文化大革命"，使"双百"方针受到严重破坏。1975 年，毛泽东也曾尖锐地指出"百花齐放都没有了！"，强调党的文艺政策应该调整，要逐步扩大文艺节目，逐步活跃起来。但是，调整文艺政策的工作很快又被"反击右倾翻案风"运动打断了。直到党的十一届三中全会以后，党中央拨乱反正，纠正了"左"的错误，我们才更加自觉地贯彻"双百"方针。

关于毛泽东与"双百"方针的问题，前面有更为详尽的介绍和较为系统的论述。这里只介绍几个主要材料。

《文化工作中的统一战线》的意义

　　《文化工作中的统一战线》是 1944 年 10 月 30 日毛泽东在陕甘宁边区文教工作者会议上所作的讲演。这时的世界，第二次世界大战的中国的抗日战争已看到胜利曙光，中国共产党所领导的八路军、新四军和抗日游击队普遍向日伪军发起了局部反攻，打倒日本侵略者成为 1945 年唯一的任务。因而，毛泽东讲演的第一句话就是："我们的一切工作都是为了打倒日本帝国主义。"为了达到这个目的，我们就要动员一切力量、建立广泛的统一战线，多打胜仗、搞好生产、建设文化。而搞好文化工作起着非常重要的作用。这是因为，"没有文化的军队是愚蠢的军队，而愚蠢的军队是不能战胜敌人的"。如何搞好文化工作呢？毛泽东告诫我们要搞好统一战线。

　　文化工作中的统一战线，是中国共产党统一战线中的一条重要战线，历来为我党所重视。抗日战争时期，毛泽东在《新民主主义论》等著作中深刻地论述了这个问题。而《文化工作中的统一战线》是一篇专论，系统而全面，言简而意赅。

毛泽东在该文中指出：为了反帝反封建的任务，改变由于长期的封建社会而造成的文盲、迷信和不卫生的现象，必须建立反帝反封建反迷信的广泛的文化统一战线。而革命的文化工作者，就是这个文化战线的各级"指挥员"。一切进步的文化工作者，应当团结一切可以团结的人，深入群众，教育群众，使教育、艺术和医药卫生等方面的工作开展起来。文化工作中统一战线的原则，在新民主主义革命时期，一是团结，二是批评、教育和改造。中国共产党对旧文化工作者采取教育的方针，使他们获得新观点和新方法，为人民服务，毛泽东关于在文化工作中建立广泛的统一战线的思想，有着重要的历史意义和现实意义。现在我们进行社会主义现代化建设，情况虽然与新民主主义时期不同了，但其基本精神仍有指导意义，需要我们结合当前实际认真学习和领会。

一、文化工作的重要地位

党和毛泽东历来十分重视文化工作。毛泽东多次指出，中国革命有两条战线，一条是武装的，另一条是文化的。新革命力量有三个："新的政治力量，新的经济力量和新的文化力量。"在《文化工作中的统一战线》中，他又首先谈了文化工作与其他工作的关系。他说："我们的工作首先是战争，其次是生产，其次是文化。"紧接着他提出一个论断："没有文化的军队是愚蠢的军队，而愚蠢的军队是不能战胜敌人的。"这个论断，是马克思主义的科学论断。很显然，如果没有新文化运动，马克思主义就不可能传入且与中国革命运动相结合，中国共产党也就不可能产生；如果不是中国共产党团结、教育、改造知识分子，建立和发展民主的、科学的、大众的文化，那么，推翻帝国主义、封建主义和官僚资本主义也同样是不可能的。战胜武装的反革命，要靠革命武装；而战胜反动的文化、落后的文化则必须靠革命的文化、进步的文化。固然，中国是一个世界文明古国。但是，由于几千年的封建压迫，尤其是自鸦片战争以来帝国主义的侵略和掠夺，广大劳动人民群众不可能掌握科学文化。五四运动举起了反帝反封建和科学民主的旗帜，中国共产党诞生之后，尤其是长征胜利之后，党才有条件抓经济工作和文化工作。抗日战争时期，在中国共产党的领导下，解放区的文化有了很大的发展，但仍然有许多落后的东西。诚如毛泽东所言："解放区的文化已经有了它的进步的方面，但是还有它的落后的方面。解放区已有人民的新文化，但是还有广大的封建遗迹。在一百五十万人口的陕甘宁边区内，还有一百多万文盲，两千个巫神，迷信思想还在影响广大的群众。这些都是群众脑子里的敌人。我们反对群众脑子里的敌人，常常比反对日本帝国主义还要困难些。我们必须告诉群众，自己起来同自己的文盲、迷信和不卫生的习惯作斗争。"在异常艰难的战争年代里，还那样重视文化工作，世界上没有一个政党能像中国共产党这样做。只有中国共产党才能有这样的远见卓识。

二、文化工作不能不有广泛的统一战线

在分析了同自己的文盲、迷信和不卫生的习惯作斗争的重要性之后，毛泽东指出："为了进行这个斗争，不能不有广泛的统一战线。而在陕甘宁边区这样人口稀少、交通不便、原有文化水平很低的地方，加上在战争期间，这种统一战线就尤其要广泛。因此，在教育工作方面，不但要有集中的正规的小学、中学，而且要有分散的不正规的村学、读报组和识字组。不但要有新式学校，而且要利用旧的村塾，加以改造。在艺术工作方面，不但要有话剧，而且要有秦腔和秧歌。不但要有新秦腔、新秧歌，而且要利用旧戏班，利用在秧歌队总数中占百分之九十的旧秧歌队，逐步地加以改造。在医药方面，更是如此。陕甘宁边区的人、畜死亡率都很高，许多人民还相信巫神。在这种情形之下，仅仅依靠新医是不可能解决问题的。新医当然比旧医高明，但是新医如果不关心人民的痛苦，不为人民训练医生，不联合边区现有的一千多个旧医和旧式兽医，并帮助他们进步，那就是实际上帮助巫神，实际上忍心看着大批人畜的死亡。"在这里，毛泽东同志根据陕甘宁边区的实际情况，明确提出了在文化工作中建立广泛的统一战线的必要性，阐明了教育、艺术、卫生等方面建立统一战线的具体要求。这对陕甘宁边区乃至全国的文教工作，都有重要的指导意义。不仅如此，它对今天的文化工作也有重要的现实意义。

当然，今天情况已经发生了巨大变化。知识分子已经成为工人阶级的一部分，社会结构也已经和正在发生深刻变化，文化新领域、新

阶层不断产生，广泛团结文化工作者的任务依然繁重。

三、文化工作要从群众的需要出发，要尊重群众的意愿

"我们的文化是人民的文化，文化工作者必须有为人民服务的高度的热忱，必须联系群众，而不要脱离群众。"用今天的话说，就是要坚持"为人民服务，为社会主义服务"的方向。如何做到这一点呢？毛泽东提出两条原则：一是要从群众的需要出发；二是要尊重群众的意愿。这两条原则，过去、现在和将来我们都应当遵守，在政治思想工作和文化教育工作中，尤其要注意。1945 年刘少奇在《论党》中也论述了这个原则，认为，我们的一切工作如果不依靠群众的自觉与自动，我们将一事无成，费力不讨好，文化工作者既要有高度的热情，又要有科学的态度。面对中国经济文化还比较落后的情况，我们既要专心致志搞建设，但又要切忌急于求成。否则，就会脱离群众，就像"大跃进"那样，虽然从良好的愿望出发，结果欲速则不达，给党和人民的事业造成了巨大损失。因而，在实际工作中我们一定要贯彻循序渐进和协调、稳定发展的方针，把社会主义现代化建设逐步推向前进。

没有引起足够重视的一篇谈话

　　1956 年 8 月 24 日毛泽东《同音乐工作者的谈话》（以下简称《谈话》），是继《在延安文艺座谈会上的讲话》之后毛泽东的又一长篇文艺专论。《讲话》主要讲的是"文艺为什么人"的问题，《谈话》论述的是怎样发展中国文艺的问题。这篇《谈话》由于后来的反右运动等因素，没有引起足够重视。结合当前实际，重读这篇《谈话》，仍很有指导意义。

一、艺术离不了民族的历史发展

　　毛泽东在《谈话》一开始就指出，艺术同革命一样，各国要有各国的特点。"艺术有形式问题，有民族形式问题。艺术离不了人民的习惯、感情以至语言，离不了民族的历史发展。"[①] 这是对文艺民族性规律的高度概括。

---

① 中共中央文献研究室编：《毛泽东文艺论集》，中央文献出版社 2002 年版，第 147 页。

别林斯基说过："既然是艺术，就其内容而言，是民族的历史生活的表现，那么，这种生活对艺术自必有巨大的影响，它之于艺术有如燃油之于灯中的火，或者，更进一步，有如土壤之于它所培养的植物。"① 生活是文艺的源泉。一个民族的文艺，应该是本民族历史生活和现实生活的真实反映。各民族因为历史不同、生活不同，文艺从内容到形式都纷呈异色。恩格斯说巴尔扎克"在《人间喜剧》里给我们提供了一部法国社会，特别是巴黎'上流社会'的卓越的现实主义历史"。列宁称"托尔斯泰是俄国革命的镜子"②。毛泽东说《红楼梦》是一部"很精细的封建社会历史"。民族特点不仅决定文艺内容，而且影响文艺形式，使各民族文艺形成不同的文学艺术风格。因而，伏尔泰说，从写作的风格可以认出一个意大利人、一个法国人、一个英国人或一个西班牙人，因为民族文艺风格会自然渗透到作家的作品中，这是世界各国的文艺创作实践早已证明了的。

在《谈话》中，毛泽东还从哲学意义上分析了文艺民族性的意义，认为文艺的基本原理有其共同性，但表现形式应该有民族特点和民族风格，这样的文艺才有世界意义，诚如鲁迅所说："现在的文学也一样，有地方色彩的，倒容易成为世界的，即为别国所注意。"③ 这正是巴尔扎克的作品、托尔斯泰的作品、曹雪芹的《红楼梦》能成为世界名著的原因之一。北京的"土特产"话剧《茶馆》能够征服和震动

---

① 《别林斯基论文学》，新文艺出版社1985年版，第81页。
② 《列宁选集》（第2卷），人民出版社1972年版，第369页。
③ 《鲁迅全集》（第10卷），人民文学出版社1981年版，第206页。

欧洲，也说明了这个道理。

每一个民族的文化都有自己的规律。古老的中华民族更是这样。"说中国民族的东西没有规律，这是否定中国的东西，是不对的。中国的语言、音乐、绘画，都有它自己的规律。过去说中国画不好的，无非是没有把自己的东西研究透，以为必须用西洋的画法。"① 我们应该认真研究民族的文艺，不管是旧的还是新的。继承其优秀的传统，抛弃其陈旧落后的东西。毛泽东说："历史总是要重视的"，"要砍也砍不断"，不能丢掉好的传统。② 丢掉了传统，就失去了立足之地，文艺就成了无本之木、无源之水，那样做只能把我国文学艺术事业引向死胡同。

诚如毛泽东所说："一定说用刀叉的高明、科学，用筷子的落后，就说不通。"③

文艺的民族性是不断发展的，而不是僵死的，不是越古越好。毛泽东幽默地说："这等于我们穿军装，还是穿现在这种样式的，总不能把那种胸前背后写着'勇'字的褂子穿起。民族化也不能那样化。"④

文艺的民族性也是相对的。芭蕾舞产生于意大利，形成于法国，但在沙皇俄国和苏联得到了高度发展，成了苏联的民族形式。敦煌壁画，唐代的大部分音乐都来自西域，但早已成为汉民族的民族形式了。所以说，文艺的民族性与向外国学习不是对立的，而是互相联系

---

① 中共中央文献研究室编：《毛泽东文艺论集》，中央文献出版社 2002 年版，第 174 页。
② 中共中央文献研究室编：《毛泽东文艺论集》，中央文献出版社 2002 年版，第 149 页。
③ 同上。
④ 中共中央文献研究室编：《毛泽东文艺论集》，中央文献出版社 2002 年版，第 148 页。

的。"中国应该大量吸收外国的进步文化,作为自己文化食粮的原料,这种工作过去还做得很不够。"现在做得也还不够。

二、还是要多样化为好

文艺繁荣的标志之一就是多样化。毛泽东指出,形式到处一样就不好,并以妇女服装作比,说明多样化是文艺发展的必然规律。他说:"妇女的服装和男的一样,是不能持久的。在革命胜利以后的一个时期内,妇女不打扮,是标志一种风气的转变,表示革命,这是好的,但不能持久。还是要多样化为好。"① 文艺就发展规律而言,是多向的而不是单向的,是多样的而不是单一的。因为生活本身越来越丰富,所以作为反映生活的文艺,题材应该越来越广泛,表现形式和艺术风格应该越来越多样。一谈文艺的繁荣,人们自然想到唐代的盛况。究其原因主要是没有破坏文艺的发展规律。相反,"文化大革命"时期由于违反文艺规律,树"样板"、定"标准",使文艺的路子越走越窄,以致走进到处是"公式化""概念化"作品的死胡同。教训极为沉痛。

文艺多样化对于中华民族尤为重要。对此,邓小平《在中国文学艺术工作者第四次代表大会上的祝辞》中有精辟的论述。他说:"我国历史悠久,地域辽阔,人口众多,不同民族、不同职业、不同年龄、不同经历和不同教育程度的人们,有多样的生活习俗,文艺传统和艺术爱好。雄伟和细腻,严肃和诙谐,抒情和哲理,只要能够使人们得

---

① 中共中央文献研究室编:《毛泽东文艺论集》,中央文献出版社2002年版,第151页。

到教育和启发，得到娱乐和美的享受，都应当在我们的文艺园地里占有自己的位置。"① 如果没有唐代文艺的共同繁荣和多方面的发展，以后的宋词、元曲、明清小说就很难产生。这是显而易见的。

社会主义生产的目的，是最大限度地满足劳动人民日益增长的物质和精神需要。随着我国人民物质生活水平迅速提高，人民的精神需要也越来越多种多样。不仅要典雅之作，还要通俗作品；不仅要传统乐器，也要电子乐器；不仅要提倡民歌唱法，还要鼓励通俗唱法和美声唱法。20 世纪 80 年代以来，我国的通俗文学和流行歌曲蓬勃兴起，这是我国文艺繁荣的表现。"金戈铁马，气吞万里如虎"是美、"弱柳千条路，衰荷一夜风"也是美；沉雄阔大是美，纤柔绮丽也是美。通俗文艺历来是典雅文艺形式的胚胎，"下里巴人"比"阳春白雪"往往更受当时的广大群众欢迎。社会主义精神文明建设要求文艺以多层次、多类型、多功能、多元组合式的结构，以满足广大群众的需求。诚然，一些通俗文艺的水平还有待于提高，忽视社会效果、迎合低级趣味、单纯追求"经济效益"的现象应当纠正。但这些都不应该成为取消通俗文艺的理由。长期以来，我们习惯于搞"一刀切"，所以，一旦有新的东西出现总是不适应，甚至认为是"大逆不道"的。其实，这都是不正确的观念。文艺本身就应该是个百花园。从形式上说，根本不应该存在"你死我活"的问题。大家共同努力，通俗文艺与典雅文艺并行不衰，才是文艺发展的正路，也是群众所盼、时代所

---

① 《邓小平文选》（第二卷），人民出版社 1994 年版，第 210 页。

需。总之，应在艺术创作上提倡不同形式和风格的自由发展，在艺术理论上提倡不同观点和学派的自由讨论。只要我们坚持四项基本原则，继续贯彻"双百"方针，文艺的路子就会越来越宽，在正确的创作思想指导下，文艺题材和表现手法将会日益丰富多彩、开拓创新。

三、创造中国的现代文艺

毛泽东评价鲁迅的创作是"既不同于外国的，也不同于中国古代的，它是中国现代的"①。这就告诉我们，文艺不但要有民族风格和气派，而且要有时代感。时代在发展，生活日新月异，文艺则应该按照自身的规律，根据人民群众的需求，适应时代的发展。我认为，文艺的时代性有两个含义，一要反映时代精神，一要具有时代水平。

古往今来，每个作家、艺术家都有一个共同的特点：他们的作品中或强或弱地跳动着时代的脉搏。这方面，鲁迅是我们的楷模。他的作品，不管是"金刚怒目的《狂人日记》"，还是"谈言微中的《端午节》"；不管是"含泪微笑的《在酒楼上》"，还是"沉痛控诉的《祝福》"，都反映了那个时代人民的精神风貌。

鲁迅之所以伟大，一是因为他的作品充满了时代精神，二是因为他的作品代表了时代水平。从艺术上说，鲁迅的作品与中国古代文艺有一脉相通之处，但又是崭新的；有外来的影响，却又是中国作风、中国气派。我们的文艺也应当这样。

---

① 中共中央文献研究室编：《毛泽东文艺论集》，中央文献出版社 2002 年版，第 154 页。

如果中国小说只有《三国演义》《水浒传》《红楼梦》那些古典作品（尽管艺术水平很高），而没有鲁迅以来的现代小说，如果中国诗歌只有唐诗、宋词，而没有五四运动以来的新诗，可以想象我国今天的小说界和诗坛是什么景象。

文艺时代化，离不开学习外国的先进东西。鲁迅在《拿来主义》中说："没有拿来的，人不能自成为新人，没有拿来的，文艺不能自成为新文艺。"①

向外国学习的道理似乎人人都懂，但在实践中，如何向外国学习的问题一直没有解决好。这里，重温一下毛泽东的有关论述是不无启发的。

首先，毛泽东承认，"近代文化，外国比我们高，要承认这一点。"中国艺术"某一点上有独特之处，在另一点上外国比我们高明"②。就这一基本事实，相当长一段时间我们也不承认或不敢承认。因而，本来"我们应该在中国自己的基础上，批判地吸收西洋有用的成分"③，结果"文化大革命"中搞成了一概排斥。

其次，毛泽东在向外国学习方面，谈得是很全面的，也是很开放的。

他积极主张"中国的和外国的要有机地结合，而不是套用外国的东西"，"应该越搞越中国化，而不是越搞越洋化"。当然，他也主张

---

① 《鲁迅全集》（第6卷），人民文学出版社1981年版，第32—33页。
② 中共中央文献研究室编：《毛泽东文艺论集》，中央文献出版社2002年版，第152页。
③ 中共中央文献研究室编：《毛泽东文艺论集》，中央文献出版社2002年版，第154页。

可以部分照搬外国的东西。他说："搬要搬一些，但要以自己的东西为主。"① "民族形式可以掺杂一些外国的东西。"② "外国的乐曲不会听，不会奏，是不好的。"像世界名曲、芭蕾舞《天鹅湖》等，恐怕都属于此类。

毛泽东也不一概反对"不中不西"的东西。他说："不中不西的东西也可以搞一点，只要有人欢迎。"他幽默地说："非驴非马也可以。骡子就是非驴非马。驴马结合是会改变形象的，不会完全不变。中国的面貌，无论是政治、经济、文化，都不应该是旧的，都应该改变，但中国的特点要保存。应该是在中国的基础上面，吸取外国的东西。应该交配起来，有机地结合。"③ 这些话，今天看来仍然很有远见卓识、很有启发性。

毛泽东的这篇谈话，尽管是以漫谈形式出现的，但反映了毛泽东的完整思想，那就是：中国文艺应该是民族化、多样化和时代化的文艺。这篇谈话依然有重要的现实指导意义。

---

① 中共中央文献研究室编：《毛泽东文艺论集》，中央文献出版社 2002 年版，第 153 页。
② 《毛泽东文集》(第七卷)，人民出版社 1999 年版，第 80 页。
③ 中共中央文献研究室编：《毛泽东文艺论集》，中央文献出版社 2002 年版，第 153—155 页。

伍

毛泽东文艺思想生平年表

毛泽东从小酷爱中国文学，文艺生平思想丰富。编写这个年表，可以有助于我们更加深入地读懂毛泽东，更全面地了解毛泽东的文艺世界。

一、吸收与选择时期（1893 年 12 月—1920 年夏）

1893 年 12 月 26 日　出生于湖南省湘潭县韶山冲南岸上屋场。

1902 年—1906 年　在家乡读私塾时，读了四书五经；喜欢读中国古代传奇小说，特别喜欢读反抗统治阶级压迫和斗争的故事，曾读过《精忠传》《水浒传》《三国演义》《西游记》《隋唐演义》等。

1906 年年末—1908 年　停学在家务农，同时继续读中国古典小说和文学作品。有一天他突然发现，这些小说里有一个共同的特别之处，那就是没有种田的农民。书中的人物都是武将、文官、书生，从来没有一个农民做主角，颂扬的都是人民的统治者。他们都不事农桑，因为他们占有并控制了土地，农民为他们种田。

1910 年—1912 年　考入湘乡县立东山高等小学堂读书，接受了"现代教育"。临行前抄写一首诗留给了父亲："孩儿立志出乡关，学不成名誓不还，埋骨何须桑梓地，人生无处不青山。"这期间，在湖南省立图书馆广泛涉猎十八、十九世纪欧洲资产阶级的社会科学和自然科学书籍；这期间，与萧三成为同窗好友。

1913 年—1918 年　先考入湖南省立第四师范学校预科，后学校合并于湖南省立第一师范学校。读书期间，研读了韩愈的作品，掌握了古文的写作技巧，深受对东西文化都有很深造诣的教师杨昌济和徐特立的影响。1913 年，听课时记了万余言的《讲堂录》，其间，用工整的楷书全文抄录了屈原的《离骚》和《九歌》。

1918 年　创作古诗《送纵宇一郎东行》("云开衡岳积阴止")。

1918 年—1919 年　经杨昌济介绍，在北京大学结识了图书馆主任李大钊，见到了陈独秀、胡适。

1919 年　创办《湘江评论》，呼吁"由贵族的文学，古典的文学，死形的文学，变为平民的文学，现代的文学，有生命的文学"。

1920 年　已成为一个马克思主义者。

二、实践与运用时期（1921 年夏—1936 年 10 月）

1923 年 12 月底　作《贺新郎·别友》("挥手从兹去")。

1925 年 8 月底　作《沁园春·长沙》("独立寒秋")。

1927 年春　作《菩萨蛮·黄鹤楼》("茫茫九派流中国")。

1927 年秋　作《西江月·秋收起义》("军叫工农革命")。

1928 年 9 月　作《西江月·井冈山》("山下旌旗在望")。

1929 年秋　作《清平乐·蒋桂战争》("风云突变")。

1929 年 10 月　作《采桑子·重阳》("人生易老天难老")。

1930 年 1 月　作《如梦令·元旦》("宁化、清流、归化")。

1930 年 2 月　作《减字木兰花·广昌路上》("漫天皆白")。

1930 年 7 月　作《蝶恋花·从汀州向长沙》("六月天兵惩腐恶")。

1931 年春　作《渔家傲·反第一次大"围剿"》("万木霜天红

烂漫"）。

1931 年夏　作《渔家傲·反第二次大"围剿"》（"白云山头云欲立"）。

1933 年夏　作《菩萨蛮·大柏地》（"赤橙黄绿青蓝紫"）。

1934 年夏　作《清平乐·会昌》（"东方欲晓"）。

1934 年—1935 年　作《十六字令三首》（"山，快马加鞭未下鞍"）。

1935 年 2 月　作《忆秦娥·娄山关》（"西风烈"）。

1935 年 10 月　作《七律·长征》（"红军不怕远征难"）、《念奴娇·昆仑》（"横空出世"）、《清平乐·六盘山》（"天高云淡"）、《六言诗·给彭德怀同志》（"山高路远坑深"）。

1936 年 2 月　作《沁园春·雪》（"北国风光"）。

1936 年 12 月　作《临江仙·给丁玲同志》（"壁上红旗飘落照"）。
1937 年年初，又手书该词全文，赠送丁玲。

三、理论形成时期（1936 年 11 月—1942 年 5 月）

1936 年 11 月 22 日　出席中国文艺协会成立大会，并发表演讲，提出"发扬苏维埃的工农大众文艺，发扬民族革命战争的抗日文艺，这是你们伟大的光荣任务"。这篇讲演标志着毛泽东文艺思想开始形成。

1936 年 12 月　在《中国革命战争的战略问题》中，以《水浒传》中退让的林冲打翻洪教头为例，来说明战略退却的必要性。

1937年6月25日　致信何香凝，称赞说"先生的画，充满斗争之意"，称赞柳亚子是"有骨气的旧文人"。

1937年8月　在《矛盾论》中指出："神话或童话中矛盾构成的诸方面，并不是具体的同一性，只是幻想的同一性"，还说"《水浒传》上有很多唯物辩证法的事例，这个三打祝家庄，算是最好的一个"。

1937年10月19日　在延安陕北公学纪念鲁迅逝世周年大会上发表题为《论鲁迅》的讲演，称鲁迅不仅"是一个伟大的文学家"，而且"是一个民族解放的急先锋"；称"他的思想、行动、著作，都是马克思主义的"，他是"党外的布尔什维克"，并从"政治的远见""斗争精神""牺牲精神"三个方面概括出"鲁迅精神"。

1938年4月10日　出席鲁迅艺术学院成立大会，并讲话。号召"山顶上的人"和"亭子间的人"结成文艺界的抗日民族统一战线，明确指出"要在抗日民族统一战线方针指导下，实现文学艺术在今天中国的使命和作用"。

1938年4月28日　应邀到鲁迅艺术学院作了《怎样做艺术家》的演讲，指出，现在艺术上也要搞统一战线，不管是写实主义派、浪漫主义派或其他什么派，都应当团结抗日。艺术作品要有内容，要适合时代的要求、大众的要求。鲁迅艺术学院要造就具有远大的理想、丰富的斗争经验和良好的艺术技巧的一派艺术工作者，这三个条件缺少任何一个便不能成为伟大的艺术家。青年艺术工作者应到大千世界中去，到实际斗争中去，使艺术作品具有充实的内容。浪漫主义原来的主要精神是不满意现状，用一种革命的热情憧憬将来，这种思潮在历史上发生过伟大的积极作用。一种艺术作品只是流水账式地记述现状，而没有对将来的理想是不好的。在现状中看出缺点，同时看出将来的光明和希望，才是马克思主义的精神。

1938 年 5 月 19 日　发出《关于接待抗战文艺工作团的电报》，要求八路军各政治部做好接待刘白羽率领的抗战文艺工作团的工作。

1938 年 9 月　为吴伯箫题词："努力奋斗。"

1939 年 5 月　出席鲁迅艺术学院成立一周年纪念大会，为学院题词："抗日的现实主义，革命的浪漫主义。"

1939 年 5 月 5 日　到鲁迅艺术学院看望老同学萧三时，谈到了蒲松龄和《聊斋志异》，说作者很注意调查研究，"《聊斋》是封建主义的一种温情主义"，"《聊斋》其实是一部社会小说"。

1939 年 6 月 17 日　致信萧三，称赞他的诗是"战斗"的作品。

1939 年 11 月　为刘岘题词，勉励他"继续努力，为创造中华民族的新艺术而奋斗"。

1939 年 11 月 7 日　致信周扬，谈到鲁迅的不足时说：鲁迅表现农民着重其黑暗面，封建主义的一面，忽略其英勇斗争、反抗地主，即民主主义的一面，这是因为他未曾经验过农民斗争之故。

1939 年　为"战地文化资料展览会"题词：发展抗日文艺，振奋军民，争取最后胜利。

1940 年 1 月　发表《新民主主义论》（原题为《新民主主义的政治与新民主主义的文化》），科学地分析了中国革命的性质特点和规律，系统地提出新民主主义的完整理论和纲领。特别是在最后五节，全面地总结了五四运动以来的文化运动史，详细阐明了新民主主义文化的理论和纲领。指出，在五四运动以后，中国的新文化的性质，是新民主主义的性质。"所谓新民主主义的文化，一句话，就是无产阶级领导的人民大众的反帝反封建的文化。"这篇著作，可以看作毛泽东文艺思想趋向成熟的标志。

1940 年 6 月　与沈雁冰（茅盾）畅谈中国古典文学，并劝他到鲁迅艺术学院工作；7 月，接沈雁冰到杨家岭住处长谈一次，内容是 20 世纪 30 年代上海文坛的斗争以及抗战以来文艺运动的发展。

1940 年　为延安《中国文化》题词："延安文化界活动起来为战胜日本帝国主义，建设新民族文化而奋斗。"

1940 年 11 月 30 日　写信给延安大众读物社社长周文，称赞说"你的工作是有意义有成绩的"。

1941 年 1 月 29 日　致信萧三，说"诗读过了，很有意思"，支持他拿到街头发表，参加街头诗运动。

1941 年 7 月 15 日　致信刘雪苇，支持他写一本中国新文学史。

1941 年 8 月 2 日　致信萧军，称他"是极坦白豪爽的人"，认为同他"谈得来"，表示接受他对延安工作的批评，同时也建议他"注意自己方面的某些毛病"。

1941 年 8 月 12 日　再次致信萧军，约他和罗烽、舒群、艾青等谈话。

1942 年 2 月 1 日　复信周文，认为他提出的改革文风的建议很对，说"我们正着手改革，并准备专为此事开一次干部会"，希望他写些"打击党八股与新文言"的文章。

1942 年 2 月 8 日　在中共中央宣传部召集的干部会议上发表《反对党八股》的演说。

1942 年 4 月 9 日　复信欧阳山，约他与草明谈话，开始为在延安文艺座谈会上讲话做准备。

1942 年 4 月 13 日　再致信欧阳山、草明，请他们代为搜集反面意见。

1942 年 4 月 17 日　复信欧阳山、草明，表示将研究他们来信中提出的问题，感谢他们搜集文艺问题的正反面材料，希望中央研究院文艺研究室的同志能为材料写一个简明的说明书。

1942 年 4 月 27 日　与何凯丰联名发出请柬，邀请一百多位文艺工作者和有关负责人参加定于 5 月 2 日召开的文艺座谈会。

1942 年 5 月 2 日　在延安文艺工作者座谈会上发表讲话，指出，会议的目的是要和大家交换意见，研究文艺工作和一般革命工作的关系，求得革命文艺的正确发展，求得革命文艺对其他革命工作的更好的协助，借以打倒我们民族的敌人，完成民族解放的任务。为此，必须解决文艺工作者的立场问题、态度问题、工作对象问题和学习问题；在 5 月 16 日举行的延安文艺座谈会第二次全体会议上，听取与会者对文艺问题发表的各种意见；在 5 月 23 日举行的延安文艺座谈会最后一次会议上，作结论，深刻地阐明了革命文艺为人民大众服务的根本方向和文艺工作者深入工农兵、密切联系实际、学习和改造世界观的重要性，回答了现代文艺运动中许多有争论的问题。5 月 2 日所作讲话与 5 月 23 日作的结论合为一篇编入《毛泽东选集》，题为《在延安文艺座谈会上的讲话》。这篇讲话运用马克思主义观点，认真分析和科学总结了五四运动以来中国革命文艺运动的实践经验和理论成果，首次明确提出并系统论述了文艺的为人民大众服务的方向的问题，这也是毛泽东文艺思想的最基本的问题，从而使马克思主义与中国革命文艺实践相结合出现了第一个高峰。以此为标志，毛泽东文艺思想发展基本成熟。

1942 年 5 月 28 日　在高级学习组作报告，专门介绍了延安文艺界的情况和延安文艺座谈会的情况。现在华北、华中各根据地，陕甘宁边区，延安，有大批的文学家、艺术家，这是一种很好的现象，绝不是坏现象。中央关于知识分子的决定，这是我们党正面地肯定地说应该欢迎大批的知识分子，只要是抗日的就应该吸收。最近准备作一个关于文学艺术工作的决定，召开了三次座谈会，目的是解决文学家、艺术家、文艺工作者和我们党的结合问题，和工人农民结合的问题，和军队结合的问题。要结合，就必须克服资产阶级、小资产阶级思想的影响，转变到无产阶级思想，这样才能够在思想上与无产阶级、与工农大众相结合，如果这个问题不解决，总是要格格不入的。我们的政策要好好引导小资产阶级出身的艺术家自觉地不是勉强地、慢慢地与工农打成一片。少数人不能打成一片，这是思想问题，不能勉强，不能用粗暴的态度。对文化人对知识分子要采取欢迎的态度，要懂得他们的重要性，没有这一部分人就不能成事。

四、丰富发展时期（1942 年 6 月—1949 年 6 月）

1942 年 6 月 12 日　致信罗烽，称赞他《高尔基论艺术与思想》一文写得好。

1942 年 9 月 7 日　在《一个极其重要的政策》中，用《西游记》中孙悟空对付铁扇公主、柳宗元《黔之驴》中小老虎对付驴打比方，说"我们八路军、新四军是孙行者和小老虎"。

1942 年 9 月 20 日　起草《〈解放日报〉第四版征稿办法》。征稿办法中约请邓发、彭真、吴玉章、蔡畅、范文澜、艾思奇等十六人为第四版征集稿件，并强调指出："各同志担负征集之稿件，须加以选择修改，务使思想上无毛病，文字通顺，并力求通俗化。""每篇以不超过 4000 字为原则，超过此字数者作为例外。"

1942 年　为拍电影《南泥湾》题词："自己动手""丰衣足食"。

1942 年 11 月 23 日　复信欧阳山尊、朱丹、成荫，称赞他们创作了反映当时敌后斗争生活的戏剧，希望多演一些这样的戏。

1943 年 4 月 22 日　复信何凯丰，同意"中宣部今年业务集中于干部教育、国民教育、文艺运动三项"的意见。

1943 年 10 月 19 日　《在延安文艺座谈会上的讲话》公开发表。这是经过一年多的实践检验、听取意见、再三斟酌，在当时速记稿基础上修改整理而成的。这是中国共产党在思想建设理论建设的事业上最重要的文献之一，是毛泽东同志用通俗语言所写成的马列主义中国化的教科书。此文件绝不是单纯的文艺理论问题，而是马列主义普遍真理的具体化，是每个共产党员对待任何事物应具有的阶级立场，与解决任何问题应具有的辩证唯物主义历史唯物主义思想的典型示范。各地党收到这一文章后，必须当作整风必读的文件，找出适当的时间，在干部和党员中进行深刻的学习和研究，规定为今后干部学校与在职干部必修的一课，并尽量印成小册子发送到广大的学生群众和文化界知识界的党外人士中去。

1944 年 1 月 9 日　致电董必武，请他转交给郭沫若的电报。给郭的电报中，说读过《虎符》"深为感动"，庆贺他"做了许多十分有益的革命的文化工作"。同日，致信杨绍萱、齐燕铭，谈了对京剧《逼上梁山》的观后感，称"从此旧剧开了新生面"，"你们这个开端将是旧剧革命的划时期的开端"。

1944 年 3 月 22 日　在中共中央宣传委员会召开的宣传工作会议上讲话，讲到发展陕甘宁边区的文化教育问题。

1944 年 4 月 2 日　致信周扬，称赞他为《马克思主义与文艺》一书写的编者序言"写得很好。你把文艺理论上几个主要问题作了一个简明的历史叙述，借以证实我们今天的方针是正确的，这一点很有益处，对我也是上一课"。

1944 年 4 月 29 日　致信李鼎铭，谈了《永昌演义》一书的读后感，认为"此书赞美李自成个人品德，但贬抑其整个运动"。指出，应当充分肯定李自成领导的农民起义的历史作用，建议用"新历史观点加以改造"。

1944 年 5 月 27 日　致信胡乔木，认为艾青《秧歌剧的形式》一文"写得很切实、生动，反映了与具体解决了多年来秧歌剧的情况和问题"。

1944 年 7 月 1 日凌晨　致信丁玲、欧阳山，祝贺丁玲写出了《田保霖》、欧阳山写出了《活在新社会里》这样的好文章。

1944 年 10 月 30 日　在陕甘宁边区文教大会上讲话。指出，文化工作不能没有广泛的统一战线。指出："在艺术工作方面，不但要有话剧，而且要有秦腔和秧歌。不但要有新秦腔、新秧歌，而且要利用旧戏班，利用在秧歌队总数中占百分之九十的旧秧歌队，逐步地加以改造。""我们的任务是联合一切可用的旧知识分子、旧艺人、旧医生，而帮助、感化和改造他们。为了改造，先要团结。只要我们做得恰当，他们是会欢迎我们的帮助的。""我们的文化是人民的文化，文化工作者必须有为人民服务的高度的热忱，必须联系群众，而不要脱离群众。要联系群众，就要按照群众的需要和自愿。"这个讲话编入《毛泽东选集》时，题为《文化工作中的统一战线》。

1944 年 11 月 21 日　复信郭沫若，盛赞《甲申三百年祭》，说"我们把它当作整风文件看待"，说"你的史论、史剧有大益于中国人民，只嫌其少，不嫌其多，精神决不会白费的，希望继续努力"。同日，分别致信柳亚子、沈雁冰表示问候。

1944 年 12 月 15 日　在《一九四五年的任务》中指出："为着战胜日本侵略者，于充分注意军事、政治、经济之外，还要注意文教工作。""我们要使人民都能逐渐地离开愚昧状态与不卫生状态。"

1945 年 2 月 22 日　致信萧三，称赞他的《第一步》"写得很好"，文章诚实，恳切，生动有力。

1945年4月21日　在《"七大"工作方针》中，讲到"治病救人"时说："对犯错误的同志要有好的态度。家庭里是很少有开除家籍的事情的。阿Q到底姓什么虽不清楚但也没有听说他曾被开除家籍。阿Q斗争起来也算英勇。他的缺点是主观主义、宗派主义，加党八股，毫无自我批评精神。人家的疮疤他要揭，他的疮疤人家揭不得。至于教条主义和党八股，那厉害得很。长凳一定要叫长凳，不能叫条凳，叫条凳是路线错误，那样教条主义，那样党八股！但是，写阿Q的作家，还是喜欢阿Q的，因为反革命把他枪毙了。所以对于有缺点的人，我们要团结一致。"

1945年4月24日　在《论联合政府》中明确指出：包括文学家艺术家在内的"一切知识分子，只要是在为人民服务的工作中著有成绩的，应受到尊重，把他们看作国家和社会的宝贵的财富"。"中国国民文化和国民教育的宗旨，应当是新民主主义的；就是说，中国应当建立自己的民族的、科学的、人民大众的新文化和新教育。""对于外国文化，排外主义的方针是错误的，应当尽量吸收进步的外国文化，以为发展中国新文化的借镜；盲目搬用的方针也是错误的，应当以中国人民的实际需要为基础，批判地吸收外国文化，苏联所创造的新文化，应当成为我们建设人民文化的范例。对于中国古代文化，同样，既不是一概排斥，也不是盲目搬用，而是批判地接收它，以利于推进中国的新文化。"

1945年9月3日　下午6时，在重庆接见郭沫若、于立群、翦伯赞、邓初民、冯乃超、周谷城等，征询他们对时局的意见。22 日，会见在重庆的作家和戏剧界人士。在重庆期间，为诗人徐迟题词："诗言志"。为《新华日报》题字："柳诗尹画特刊"。

1945 年 10 月 4 日　致信柳亚子，称"先生诗慨当以慷，卑视陆游、陈亮，读之使人感发兴起"。

1945 年 10 月 7 日　又致信柳亚子，书赠《沁园春·雪》。

1945 年 11 月　为悼念冼星海题词："为人民的音乐家冼星海同志致哀"。

1946 年 1 月 28 日　致信柳亚子，"相期为国努力"。

1947 年 9 月 12 日　致函毛岸英，希望他看历史小说、明清笔记小说。

1947 年 12 月 21 日　在陕北米脂县杨家沟对晋绥平剧院演出队发表讲话，指出，要"接受旧的艺术，还要创造新的艺术"。

1949 年 4 月　作《七律·人民解放军占领南京》（"钟山风雨起苍黄"）。

1949 年 4 月 29 日　作《七律·和柳亚子先生》（"饮茶粤海未能忘"）。

1949 年 5 月初　在柳亚子《羿楼纪念册》上手书谢灵运诗句："池塘生春草""空梁落燕泥"，苏轼诗句："竹外桃花三两枝，春江水暖鸭先知"，并赠送柳亚子。

五、新的探索时期（1949 年 7 月—1956 年 8 月）

1949 年 7 月 1 日　经毛泽东修改和最后审定的《中共中央给中华全国文学艺术工作者代表大会的贺电》发表。《贺电》号召"广泛地发展为人民服务的文艺工作，使人民的文艺运动大大发展起来，借以配合人民的其他文化工作和人民的教育工作，借以配合人民的经济建设工作"。以此为标志，拉开了社会主义文艺的序幕，毛泽东文艺思想发展进入了一个新阶段。

1949 年 7 月 6 日　出席中华全国文学艺术工作者代表大会全体会议，并发表简短讲话，祝贺大会召开，欢迎各位代表到来。

1949 年 9 月 23 日　为《人民文学》创刊号题词："希望有更多好作品出世"。并复信说："写了一句话，作为题词，未知可用否？封面宜由兄写，或请郭沫若兄写，不宜要我写。"

1950 年 9 月 19 日　书写《诗经·天保》中的两句诗"如月之恒，如日之升"，寄赠少年好友张维，祝贺张维母亲八十寿辰。

1950 年 10 月　作《浣溪沙·和柳亚子先生》（"长夜难明赤县天"）。

1950 年 11 月　作《浣溪沙·和柳亚子先生》（"颜斶齐王各命前"）。

1950 年 12 月 31 日　为《瞿秋白文集》出版题写了一段话。其中写道："瞿秋白同志是肯用脑子想问题的，他是有思想的。他的遗集的出版，将有益于青年们，有益于人民的事业，特别是在文化事业方面。"

1951 年　为中国戏曲研究院题词："百花齐放，推陈出新"。

1951 年 5 月 20 日　经毛泽东修改、最后定稿的《人民日报》社论《应当重视电影〈武训传〉的讨论》发表。社论严厉批评了对武训和《武训传》的赞扬，认为歌颂什么、反对什么是立场问题。社论发表后，全国各地报刊纷纷转载，并发表文章批判武训和电影《武训传》，形成了新中国成立后文化思想战线上的第一次批判运动。

1951 年 6 月　审阅修改杨耳《关于武训和〈武训传〉的几个问题》一文，并加写几段文字，并把标题改为《评武训和关于武训的宣传》。对武训的"行乞兴学"动机进行批判，对宣传武训进行严厉批评，文章提出："武训自己怎样想是一件事，武训的后人替他宣传又是一件事。武训一个人想得不对是极小的事，没有什么影响，后人替他宣传就不同了，这是借武训来宣传自己的主张，而且要拍成电影，写成著作或论文，向中国人民大肆宣传，这就引起了根本问题了。"

1951 年 7 月　审阅并大量修改、加写、改写《武训历史调查记》，从武训与宋景诗、武训的为人、武训学校的性质、武训的高利贷剥削、武训的土地剥削五个方面否定了武训。7 月 23 日—28 日《人民日报》连载了这个调查记。

1951 年 11 月 13 日　致信周扬，告知应要求已为皖北滁县专区文工团题词："面向农村"。

1951 年 11 月 26 日　为转发中共中央宣传部关于决定在文艺干部中进行整风学习的报告，起草中央批语，指出："请各中央局、分局、省委、市委、区党委自己和当地从事文学艺术工作的负责同志都注意研究这个报告，仿照北京的办法在当地文学艺术界开展一个有准备的有目的的整风学习运动，发动严肃的批评和自我批评，克服文艺干部中的错误思想，发扬正确思想，整顿文艺工作，使文艺工作向着健全的方向发展。为使这一整风运动获得良好的结果，各中央局、分局、省委、市委、区党委的负责同志和宣传部负责同志必须亲手抓紧对文艺界整风运动的领导，先将你们的计划报告中央和中央宣传部批准。"

1952 年 10 月 5 日 复信齐白石，感谢他赠送《普天同庆》绘画一轴，并向其他创作者表示谢意。

1953 年 3 月 4 日 在一封不同意批评胡风文艺思想的来信上批示："熊复同志：此事请你调查一下，以其情形告我。"1953 年 2 月 25 日，有人署名"一个普通文艺工作者"给毛泽东写信，反映中国文协 1953 年 1 月 29 日召集文艺界负责人座谈讨论胡风文艺思想的情况及他个人的感受，说他对批评胡风文艺思想感到不理解，感到压抑、苦恼。毛泽东在这封信上写了以上批语。

1953 年 4 月 10 日 阅董必武四月三日关于中国政治法律学会召开成立大会问题给彭真并政法党组干事会的信，及随信附送的《中国政治法律学会章程（草稿）》和《中国政治法律学会成立宣言（草稿）》，将两个附件中几处"毛泽东思想"的字样删去，并批示彭真："凡有'毛泽东思想'字样的地方，均应将这些字删去。"

1953 年 5 月 24 日 审阅萧克五月十五日报送的中央军委例会通过的内务条令、纪律条令、队列条令三个草案的报告，批示："（一）

可以付印。（二）凡有'毛泽东思想'字样的地方均改为'毛泽东同志的著作'字样。"

1953 年 11 月 5 日 复信廖静文："十月间的信和徐先生所绘奔马，早已收到，甚为感念。兹派田家英同志询问你们的情况，如有困难，请告知为盼！"本日，批示田家英："请你持此信去访问徐悲鸿先生的夫人廖静文，看其有无困难，是否需要帮助（政府是否已有帮助），告我为盼！"

1954 年 7 月 23 日 致信李敏、李讷，告诉她们北戴河秦皇岛、山海关一带是曹操到过的地方。曹操不仅是政治家，也是诗人。建议她们读曹操的诗。

1954 年夏 作《浪淘沙·北戴河》（"大雨落幽燕"）。

1954 年 10 月 在《文艺报》转载李希凡、蓝翎文章《关于〈红楼梦简论〉及其他》一文所加的编者按上批注，称赞两位青年作者；在李、蓝发表在 1954 年 10 月 10 日《光明日报》的《评〈红楼梦研究〉》上批注，杠杠、圈圈画满全篇，还写了一些批语。两文都是批评俞平伯"红学"观点的。

1954 年 10 月 16 日 关于《红楼梦》研究问题致信各同志。信中说，李、蓝对俞平伯的批评，"这是三十多年以来向所谓红楼梦研究权威作家的错误观点的第一次认真的开火"。"事情是两个'小人物'做起来的，而'大人物'往往不注意，并往往加以阻拦，他们同资产阶级作家在唯心论方面讲统一战线，甘心作资产阶级的俘虏，这同影片《清宫秘史》和《武训传》放映时候的情形几乎是相同的。"

1954 年 10 月 26 日　在会见访华即将回国的印度总理尼赫鲁时，用屈原《九歌·大司命》中"悲莫悲兮生别离，乐莫乐兮新相知"两句诗表达与尼赫鲁的相识、分别之情，并向客人介绍了屈原。

1954 年 10 月 27 日　审阅中宣部副部长陆定一关于开展《红楼梦》研究问题的批判给毛泽东并中共中央的报告。

1954 年 10 月 27 日　审阅邓拓报送的袁水拍文章《质问〈文艺报〉编者》。该文发表于次日（即 10 月 28 日）《人民日报》。文章批评《文艺报》不支持李希凡、蓝翎。毛泽东在文中加写了这样一段话："《文艺报》在这里跟资产阶级唯心论和资产阶级名人有密切联系，跟马克思主义和宣扬马克思主义的新生力量却疏远得很，这难道不是显然的吗？"

1955 年 1 月 12 日　审阅修改中国作协关于公开印发胡风给中央报告的部分内容的说明，同意将胡风 1954 年 7 月向中共中央提交的《关于几年来文艺实践情况的报告》（即"三十万言书"）的部分内容印成专册。

1955 年 1 月 15 日　在周扬关于同胡风谈话情况给陆定一并转毛泽东的报告上作了两点批示：（一）不能刊载胡风 1 月 13 日写的《我的声明》（在声明中，胡风初步承认 1954 年 7 月给中央的报告是错误的）；（二）"应对胡风的资产阶级唯心论，反党反人民的文艺思想，进行彻底的批判，不要让他逃到'小资产阶级观点'里躲藏起来。"

1955 年 1 月 24 日　审阅中共中央关于在干部和知识分子中组织宣传唯物主义思想、批判资产阶级唯心主义思想的演讲工作的通知稿，批示："可用。"通知指出：对俞平伯《〈红楼梦〉研究》的错误思想的批判已告一段落，对胡适派思想的批判已经初步展开，对胡风及其一派的文艺思想的批判亦将展开。这些思想斗争有极其重要的意义，这是通过对我国知识分子所熟悉的资产阶级唯心主义思想的批判来具体地宣传马克思主义唯物主义思想。向人民群众宣传唯物主义思想以提高他们的觉悟，是党的一项最基本的经常的任务。

1955 年 5 月　为《人民日报》5 月 13 日即将发表《关于胡风反党集团的一些材料》等写了编者按。5 月 24 日、6 月 10 日《人民日报》又发表了《关于胡风反党集团的第二批材料》和《关于胡风反党集团的第三批材料》。毛泽东在第二批材料的按语中加写了两段话，对第三批材料连续作三次修改，为胡风等人的来往信件分别写了 17 篇按语。1955 年 6 月将这三批材料和 6 月 10 日《人民日报》社论《必须从胡风事件吸取教训》，并附有胡风的《我的自我批判》编印成书，题为《关于胡风反革命集团的材料》，毛泽东为该书写了序言和按语。毛泽东在按语中断言胡风等人是"一个暗藏在革命阵营的反革命派别，一个地下的独立王国"，"这个反革命派别和地下王国，是以推翻中华人民共和国和恢复帝国主义国民党的统治为任务的"。

1955 年 5 月 26 日　阅中国文联主席团和中国作协主席团五月二十五日联席扩大会议通过的关于开除胡风作家协会会籍并撤销他担任的文联全国委员会委员、作协理事和《人民文学》编委职务等的决议，批示："此件即送新华社立即发表，今天（二十六日）在北京及各地见报。"

1955年6月1日　阅中共北京市委五月三十日关于查处胡风分子问题给中央的报告。报告说：市委根据中央对处理胡风反革命集团的指示，召开了党员干部会，布置了这一工作，并已发现若干可疑线索等情况，表示将继续调查，待进一步弄清情况后，再根据中央指示分别处理。毛泽东批示："陆定一同志：请考虑用中央名义将此件通报各地党委及中央各部门和国家机关各党组，要他们注意在所属机关、学校、人民团体和部队中调查和研究有无胡风分子，并按情况作适当处理。凡有胡风分子较多的省市均应指定几个可靠同志（例如五人）组织胡风问题小组，专门注意处理此事。前谈指示，可后发，先发此件。请于日内拟好，交我，为盼。"

1955年6月3日　审阅批改中共中央关于揭露胡风反革命集团给各级党委的指示稿。

1955年6月10日　在《人民日报》社论《必须从胡风事件吸取教训》稿中加写了三段话，提出，决不能看轻少数暗藏的反革命分子或坏分子，必须坚决地把他们清除出去。

1955年10月4日　作《七律·和周世钊同志》："春江浩荡暂徘徊，又踏层峰望眼开。风起绿洲吹浪去，雨从青野上山来。尊前谈笑人依旧，域外鸡虫事可哀。莫叹韶华容易逝，卅年仍到赫曦台。"

1955年12月12日　审阅修改《中共中央关于知识分子问题的指示草案》，指出："对于只有严重错误思想、甚至反动思想、而没有反革命行为的高级知识分子，不应该将他们作为反革命分子对待；而应该采取严肃批评和耐心教育的方针，使他们逐步地认识和改正自己的错误。对于这种人，应该给以充分的时间，耐心等待他们的进步。""为了改善对于知识分子的使用，进一步地进行对于知识分子的改造，大批地培养知识分子，以加速我国科学文化事业的发展，必须加强党的领导。""过去六年中，各地党组织都没注意吸收甚至拒绝吸收高级知识分子入党，这是不对的，这是一种关门主义的倾向。这种倾向必须纠正。中央组织部应当负责订出在高级知识分子中发展党员的年度计划和几年计划。"

1956 年 4 月 25 日　在中共中央政治局扩大会议上作了《论十大关系》的讲话，在谈到"中国和外国的关系"时说："我们的方针是，一切民族、一切国家的长处都要学，政治、经济、科学、技术、文学、艺术的一切真正好的东西都要学。"

1956 年 4 月 28 日　在中共中央政治局扩大会议上说："艺术问题上的百花齐放，学术问题上的百家争鸣，我看这个应该成为我们的方针。"

1956 年 5 月 2 日　在最高国务会议第七次会议上说：现在春天来了嘛，一百种花都让它开放，不要只让几种花开放，还有几种花不让它开放，这就叫百花齐放。百家争鸣是说春秋战国时代，有许多学派，诸子百家，大家自由争论，现在我们也需要这个。他指出：在中华人民共和国宪法范围之内，各种学术思想，正确的错误的，让他们去说，不去干涉他们。李森科、非李森科，我们也搞不清，有那么多的学说，那么多的自然科学，就是社会科学，这一派、那一派，让他们去谈。在刊物上、报纸上可以说各种意见。

1956 年 6 月 8 日　审阅陆定一写的《百花齐放，百家争鸣》一文，批示："退陆定一同志。此件很好，可以发表。在第九页上作了一点修改，请加斟酌。是否可以这样修改，请和周扬、袁水拍、何其芳等同志商量一下。"

1956 年夏，乘专列去北戴河开会，当得知一位女服务员因随行而不能赴男友约会时，表示歉意，说："我给你写个东西，你拿回去交给男朋友，再把失约的原因讲给他听。"于是书写了《诗经·静女》的前四句："静女其姝，俟我于城隅。爱而不见，搔首踟蹰。"

1956 年 6 月　作《水调歌头·游泳》（"才饮长沙水"）。

1956 年 8 月 24 日　同中国音乐家协会负责人谈话，就如何对待民族形式问题和外来文化问题发表了重要意见。指出："马列主义的基本原理在实践中的表现形式，各国应有所不同。在中国，马列主义的基本原理要和中国的革命实际相结合。""社会主义的内容，民族的形式，在政治方面是如此，在艺术方面也是如此。"文艺应该像鲁迅的小说那样，"既不同于外国的，也不同于中国古代的，它是中国现代的"。

六、在探索中曲折发展时期（1956 年 9 月—1966 年 4 月）

1956 年 9 月 21 日　审阅周扬送审的准备在党的八大的发言稿，并批示："此件看过，可用。只是引证我的话觉得多了一点，减少一些为好。"周扬的发言稿 1956 年 9 月 26 日在《人民日报》发表，题为

《让文学艺术在建设社会主义伟大事业中发挥巨大的作用》。

1956 年 10 月 1 日　为鲁迅迁葬墓碑题字："鲁迅先生之墓"。

1956 年 12 月 7 日　在与全国工商联和民主建国会在京的主任委员和副主任委员座谈时，提到了韩愈的《送穷文》，说：我们也要写"送穷文"，中国要几十年才能将穷鬼送走。

1957 年 1 月 7 日　看了当天《人民日报》发表的文章《我们对目前文艺工作的几点意见》后，批示："将此文印发政治局、书记处及月中到会各同志。"此文提出了许多看法，认为，在过去一年中，为工农兵服务的文艺方向和社会主义现实主义的创作方法，越来越很少有人提倡了。有些人认为国家已进入社会主义建设新时期，只需要强调"百花齐放、百家争鸣"，对工农兵服务的方向不必强调了。自从提出百花齐放以后，有许多人只热衷于开老花，不注意开新花，等等。在3 月召开的全国宣传工作会议期间，毛泽东多次对这篇文章提出批评，说文章对形势的估计是错误的，思想方法是教条主义、形而上学、片面性的，无非是来阻止百花齐放、百家争鸣。

1957 年 1 月 12 日　复信《诗刊》主编臧克家，抄寄自己创作的古体诗词 18 首，并祝贺《诗刊》创刊，而且谈了对新诗、旧诗的看法。他说："诗当然应以新诗为主体，旧诗可以写一些，但是不宜在青年中提倡，因为这种体裁束缚思想，又不易学。"

1957 年 2 月 15 日　复信《东海》文艺月刊编辑部，说记不起《六言诗·给彭德怀同志》这首诗了，不同意《东海》发表。原来，2 月 6日《东海》文艺月刊编辑部寄来一封读者抄录的《六言诗·给彭德怀同志》，说是在毛泽东长征途中打腊子口战斗后发给彭德怀的一封电报中，他们请毛泽东校阅并准予在《东海》上发表。毛泽东在回信中说："腊子口是林彪同志指挥打的，我亦在前线，不会用这种方法打电报的，那几句不宜发表。"据彭德怀回忆，这首诗是在红军到达陕北吴起镇击败追敌骑兵后毛泽东写给他的。由于事隔20多年，加之来信把写诗的地点、背景弄错了，毛泽东当时回忆不起这首诗，未同意发表。

1957年2月27日　在《关于正确处理人民内部矛盾的问题》中，进一步系统地论述了"百花齐放、百家争鸣"问题。明确指出："百花齐放、百家争鸣的方针，是促进艺术发展和科学进步的方针，是促进我国的社会主义文化繁荣的方针。艺术上不同的形式和风格可以自由发展，科学上不同的学派可以自由争论。利用行政力量，强制推行一种风格，一种学派，禁止另一种风格，另一种学派，我们认为会有害于艺术和科学的发展。艺术和科学中的是非问题，应当通过艺术界科学界的自由讨论去解决，通过艺术和科学的实践去解决，而不应当采取简单的方法去解决。"

1957年3月8日　在中宣部印发的《有关思想工作的一些问题的汇集》上对其中20个问题作了22条批注。其中，在"人们常问：'百家争鸣'与'马克思列宁主义是国家的指导思想'两者间的关系怎样"旁，毛泽东批注："应当弄清这种关系"；在"目前文艺界一方面'左'的教条主义、宗派主义倾向仍然严重，另一方面资产阶级、小资产阶级思想又确实有些抬头。哪一方面是主要危险"旁，毛泽东批

注："目前不要去找主要危险，而应按具体问题处理"；在"目前有些作家认为文学的目的就是写真实，因此，'看到什么就写什么'，'感受即真实'，至于作品对人民有什么教育作用，作家用不着考虑"旁，毛泽东批注："不对。但可以允许少数人这样做"。

1957 年 3 月 12 日 《在中国共产党全国宣传工作会议上的讲话》中，再一次系统地论述了"百花齐放、百家争鸣"问题，明确宣布："百花齐放、百家争鸣，这是一个基本性的同时也是长期性的方针，不是一个暂时性的方针。"

1957 年 3 月 19 日 起草准备在南京、上海党员干部会议上讲话的提纲，"采取现在的方针，文学艺术、科学技术会繁荣发达，党会经常保持活力，人民事业会欣欣向荣，中国会变成一个大强国而又使人可亲"。

1957 年 3 月 19 日 在乘专机前往南京，手书元代萨都剌的《木兰花慢·彭城怀古》、北宋王安石词《桂枝香·金陵怀古》。

1957 年 4 月 20 日 致信袁水拍，称他的政治讽刺诗《摇头》和陈毅的六言诗《游玉泉山纪实》写得好，劝他多写些。还说他"做编辑不如出外旅行"，"李希凡宜于回到学校边教书，边研究。一到报社他就脱离群众了，平心说理的态度就不足了"。

1957 年 5 月 11 日 作《蝶恋花·答李淑一》（"我失骄杨君失柳"），并寄赠李淑一。

1957 年 毛泽东请人把各种版本的《楚辞》及有关《楚辞》和屈原的著作 50 余种收集来阅读。一部《屈宋古音义》，他圈阅了许多。

1957年5月15日　写了《事情正在起变化》一文，发给党内干部阅读。文章对极少数右派分子的进攻作了过于严重的估计，认为党外知识分子中，右派约占百分之一到百分之十，党内也有一部分知识分子新党员，跟社会上的右翼知识分子互相呼应。强调现在应该开始注意批判修正主义。还说在民主党派中和高等学校中，右派表现得最坚决最猖狂，我们还要让他们猖狂一个时期，让他们走到顶点。

1957年6月6日　为中共中央起草《关于加紧进行整风的指示》。6月8日起草《中共中央关于组织力量准备反击右派分子进攻的指示》。

1957年8月1日　对范仲淹的两首词《苏幕遮》《渔家傲》进行评注，指出："词有婉约、豪放两派，各有兴会，应当兼读。"并说"我的兴趣偏于豪放，不废婉约"。

1957年11月24日　阅周扬十一月二十一日报送的他在中国作家协会党组扩大会上所作的题为《不同的世界观，不同的道路》讲话的修改稿，批示："周扬同志阅后，即送胡乔木同志转小平同志：此事前日和你顺便谈过：应印发给以小平为首的会议各同志，作一二次认真的讨论（事前细看周文），加以精密的修改，然后发表。发表前可送我看一次。会议讨论时要有周扬和其他几位文艺领导同志参加。此事请你告小平办。这是一件大事，不应等闲视之。我现在不看。待小平会议讨论再加修改后，我再看。"这个讲话修改稿，是在周扬九月十六日讲话的基础上根据毛泽东等人的意见修改而成的。周扬的讲话，后来以《文艺战线上的一场大辩论》为题，在一九五八年二月二十八日《人民日报》发表。

1958 年年初　在一次与史学家、科学家、新闻工作者的座谈中，毛泽东一口气背出宋玉《登徒子好色赋》中宋玉在楚王面前攻击登徒子的话，教育在座同志，在分析问题与解决问题时不要陷于片面的诡辩的泥淖，应自觉地学习、运用辩证法做好工作。他建议读宋玉的《风赋》，认为《风赋》值得一读，有阶级斗争的意义。

1958 年 1 月 12 日　在南宁会议上作第二次讲话中，又引用了《登徒子好色赋》，说"反冒进"如同宋玉攻击登徒子一样，"攻其一点，不及其余"。同日，在一封信中说："我今晚又读了一遍《离骚》，有所领会，心中喜悦。"

1958 年 1 月 16 日　在南宁会议上作第四次讲话，强调：省委书记要研究理论，培养秀才。要研究文法、考据、辞章。还说，要学点文学也好，古文、今文都可。还说，要学《楚辞》，先学《离骚》，再学《老子》。

1958 年 1 月 19 日　批阅修改《文艺报》"再批判"特辑编者按。根据毛泽东的指示，《文艺报》准备在 1958 年第二期出一个特辑，"对《野百合花》、《三八节有感》、《在医院中》及其他反党文章的再批判为总标题，发表林默涵等人的六篇文章。我们写了一个编者按，送上请审阅"，毛泽东批示同意发表，并认为，"按语较沉闷，政治性不足。你们是文学家，文也不足。不足以唤起读者注目"，"题目太长，'再批判'三字就够了"，且说："用字太硬，用语太直，形容词太凶，效果反而不大，甚至使人不愿看下去。宜加注意。"于是毛泽东对编者按进行了改写和加写。

1958 年 1 月 26 日 《文艺报》第二期出版，27 日《人民日报》介绍了这一期特辑和所加编者按的主要内容。

1958 年 2 月 10 日 就中国古代官吏是否禁带眷属的问题，致信刘少奇，谈对贺知章《回乡偶书》一诗的理解，认为"儿童相见不相识"之中的"儿童"不是指他自己的儿女；不可以此诗作为断定古代官吏禁带眷属的充分证明。

1958 年 3 月 7 日 在成都游览杜甫草堂，仔细看了各种不同版本的杜诗后，说这"是政治诗！"。

1958 年 3 月 22 日 在成都会议上，毛泽东要求各省搜集民歌。他说：我看中国诗的出路恐怕是两条：第一条是民歌，第二条是古典，在这个基础上产生出新诗来，形式是民族的形式，内容应该是现实主义与浪漫主义的对立统一，太现实了就不能写诗了。现在的新诗不成形，没有人读。他要求给所有群众都发三五张纸，要求人人提供民歌、人人写诗（不会写的，找人代笔）。在讲话中，毛泽东还以《西厢记》中惠明挺身帮张生的故事为例，希望大家做胆大勇敢、坚定之人；以唐代诗人李贺敢于直呼汉武帝其名为例，说明对于经典著作、名人要尊重但不要迷信的道理；还说要像比干、屈原、朱云、贾谊等一样敢于讲真话，要有王熙凤的"舍得一身剐，敢把皇帝拉下马"的精神。

1958 年 3 月 选出唐宋人写的有关四川的诗词若干首，和明代人写的有关四川的诗若干首，印发成都会议，分别题为《诗词若干首（唐宋人写的有关四川的一些诗和词）》《诗若干首（明朝人写的有关四川的一些诗。其中有咏曹操一首，不关四川，放在咏刘备一首之后，因连类而及）》。

1958 年 5 月　在党的八大二次会议上的讲话中，明确提出：革命精神应与实际精神统一，要把俄国的革命热情和美国的实际精神统一起来。在文学上，就是革命的浪漫主义和革命的现实主义的统一。

1958 年 6 月 4 日　批示林克，要他买一本作家出版社出版的《文学遗产增刊》第六辑。

1958 年 7 月 1 日　作《七律二首·送瘟神》（"绿水青山枉自多""春风杨柳万千条"）。并致信胡乔木，请他与《人民日报》文艺组商量可否刊用。

1958 年 8 月　批阅修改陆定一文章《教育必须与生产劳动相结合》，并起草《红旗》杂志编辑部按。在 8 月 22 日那次修改时，毛泽东加写了这样一段话："中国教育史有人民性的一面，孔子的有教无类，孟子的民贵君轻，荀子的人定胜天，屈原的批判君恶，司马迁的颂扬反抗，王充、范缜、柳宗元、张载、王夫之的古代唯物论，关汉卿、施耐庵、吴承恩、曹雪芹的民主文学，孙中山的民主革命，诸人情况不同，许多人并无教育专著，然而上举那些，不能不影响对人民的教育，谈中国教育史，应当提到他们。"

1958 年 10 月 25 日　复信周世钊，指出，《七律二首·送瘟神》中的"坐地日行八万里"是有数据（可考）的。"巡天遥看一千河"，"一千"言其多而已。

1958 年 12 月 1 日　为粤剧艺术家红线女题写了鲁迅诗句："横眉冷对千夫指，俯首甘为孺子牛。"

1958 年 12 月 21 日　在文物出版社 1958 年 9 月刻印的大字线装本《毛主席诗词十九首》的书眉上写了说明，诗人对《沁园春·长沙》中的"击水"、《菩萨蛮·黄鹤楼》中的"心潮"、《清平乐·会昌》中的"踏遍青山人未老"、《七律·长征》中的"水拍""三军"、《清平乐·六盘山》中的"苍龙"、《念奴娇·昆仑》中的"昆仑"、《沁园春·雪》中的"雪""文采""风骚""大雕""俱往矣，数风流人物，还看今朝"、《七律·和柳亚子先生》中的"三十一年还旧国"、《水调歌头·游泳》中的"长沙水""武昌鱼"等的含义和《蝶恋花·答李淑一》的上下两韵作了解释；对《忆秦娥·娄山关》《十六字令三首》《七律·长征》《念奴娇·昆仑》《清平乐·六盘山》等所反映的心情，作了解释；还提出，将《念奴娇·昆仑》第八句"一截留中国"改为"一截还东国"。

1958 年 12 月 22 日　作《端正方向，争取一切可能争取的知识分子》，指出要端正方向，争取一切可能争取的教授、讲师、助教、研究人员，为无产阶级的教育事业和文化科学事业服务。

1959 年 3 月　在郑州会议上，对"大跃进"期间民歌运动的弊端作了分析。指出：写诗也只能一年一年地发展。写诗不能每人都写，要有诗意，才能写诗，几亿农民都要写诗，那怎么行？这违反辩证法。放体育卫星、诗歌卫星，通通取消。

1959 年 4 月 24 日　致信周恩来，称赞常香玉主演的《破洪州》，建议调这个班子到北京为人大代表演一次。而且指出"《破洪州》剧本仍有缺点，待后可商量修改"。同日，在看了1959年4月23日《北京晚报》第三版刊登的《关于〈三国演义〉（三）》之后，在文章旁批示，请秘书林克为他找该文的前两部分。吴组缃撰写的这篇文章，主要是就《三国演义》来谈历史和文艺的关系。文章认为，文艺和历史必须区别开来，不能因为"拥刘反曹"的倾向有正统历史观，就否定作品的民主思想。

1959年6月下旬　作《七律·到韶山》（"别梦依稀咒逝川"）。

1959年7月1日　作《七律·登庐山》（"一山飞峙大江边"）。

1959年夏，手书李白诗赠参加庐山会议的中央常委："登高壮观天地间，大江茫茫去不还。黄云万里动风色，白波九道流雪山。"并注明："李白《庐山谣寄卢侍御虚舟》一诗中的四句，登庐山，望长江，书此以赠庐山常委诸同志。"

1959年8月6日　致信儿媳刘松林说："登高壮观天地间，大江茫茫去不还。黄云万里动风色，白波九道流雪山。这是李白的几句诗。你愁闷时可以看点古典文学，可起消愁破闷的作用。"

1959年8月16日　在庐山作《关于枚乘〈七发〉》的批语，借古喻今，借枚乘《七发》讲"争上游、鼓干劲"和"反右倾"的必要性。在这之前，《七发》就已印发参加庐山会议的各位同志。在会议的最后一天，又写了这篇长达1000多字的批语。

1959年9月1日　写信给《诗刊》主编臧克家、副主编徐迟，寄去新作《七律·到韶山》《七律·登庐山》，准备在《诗刊》上发表，以"答复""右倾机会主义猖狂进攻""全世界反动派"的"咒骂"。这两首诗，当时均未在《诗刊》上发表，后来收入人民文学出版社1963年12月出版的《毛泽东诗词》中。

1959年9月7日、13日　写信给胡乔木，请他将《七律·到韶山》《七律·登庐山》两首诗送郭沫若修改。9月7日的信中说，这两首诗"主题是为了反右倾鼓干劲的，是为了惩治反党、反总路线、反大跃进、反人民公社的。主题虽好，诗意无多，只有几句较好一些的，例如'云横九派浮黄鹤'之类。诗难，不易写，经历者如鱼饮水，冷暖自知，不足为外人道也"。9月13日的信中说，郭沫若的信给了他启发，两诗又改了一点字句，请再送郭沫若审阅。并说《七律·到韶山》中的"霸主"指蒋介石。

1959年10月6日　阅李六如十月四日的来信，批示："定一同志：请你指定一位水平较高同志看一看这部书，如何？"来信说：兹将我所写小说《六十年的变迁》第二卷草稿送请审阅，如若无暇，拟请指定一位秘书看看后半部和一些部分。李六如的这一卷小说从北洋军阀统治开始写到大革命失败。信中请求审阅的部分，主要是与毛泽东有关的内容。

1959年12月11日　为查《焚书坑》一诗作者，批示林克，请他查查这首诗（竹帛烟销帝业虚，关河空锁祖龙居。坑灰未烬山东乱，刘项原来不读书。）是否为晚唐浙人章碣所作。

1959年　为人民大会堂傅抱石、关山月所作绘画题写"江山如此多娇"。

1959 年 12 月 29 日　复信给庐山疗养院护士钟学坤，解释《七律·登庐山》中"九派""三吴"的含义。

1959 年 12 月—1960 年 2 月　在读苏联《政治经济学教科书》（社会主义部分）的谈话中，毛泽东谈到了《红楼梦》。他说：我国很早以来就有土地买卖。《红楼梦》里有这样的话："陋室空堂，当年笏满床。衰草枯杨，曾为歌舞场。蛛丝儿结满雕梁。绿纱今又在篷窗上。"这段话说明了在封建社会里，社会关系的兴衰变化，家族的瓦解和崩溃。这种变化造成了土地所有权的不断转移，也助长了农民留恋土地的心理。他说：我国家长制度的不能巩固是早已开始了。《红楼梦》中就可以看出家长制度是在不断分裂中。贾琏是贾赦的儿子，不听贾赦的话。王夫人把凤姐笼络过去，可是凤姐想各种办法来积攒自己的私房。荣国府的最高家长是贾母，可是贾赦、贾政各人又有各人的打算。

1960 年 11 月 15 日　起草中共中央关于彻底纠正"五风"问题给各中央局、各省区市党委的指示。要求，必须在几个月内下决心彻底纠正十分错误的"共产风"、浮夸风、命令风、干部特殊风和对生产瞎指挥风，而以纠正"共产风"为重点，带动其余四项歪风的纠正。

1960 年 12 月 24 日　在同古巴妇女代表团和厄瓜多尔文化代表团谈话时指出：对中国的文化遗产，应当充分地利用，批判地利用。中国几千年的文化，主要是封建时代的文化，但并不全是封建主义的东西，有人民的东西，有反封建的东西。要把封建主义的东西和非封建主义的东西区别开来。封建主义的东西也不全是坏的。我们要注意区别封建主义发生、发展和灭亡不同时期的东西。当封建主义还处在发生和发展的时候，它有很多东西还是不错的。反封建主义的文化也不是全部可以无批判地利用的。封建时代的民间作品，也多少都还带有封建统治阶级的影响。我们应当善于进行分析，应当批判地利用封建主义的文化，而不能不批判地加以利用。反封建主义的文化当然要比封建主义的好，但也要有批判、有区别地加以利用。我所了解的是这样，我们现在的方针是这样。至于充分利用文化遗产，我们现在还没有做到。中国古典著作多得很，现在是分门别类地在整理，用现代科学观点逐步整理出来，重新出版。

1961 年 2 月　作《七绝·为女民兵题照》（"飒爽英姿五尺枪"）。

1961 年 9 月 8 日　致信董必武，请转《清平乐·六盘山》手书给宁夏同志。

1961 年 9 月 9 日　作《七绝·为李进同志题所摄庐山仙人洞照》（"暮色苍茫看劲松"）。

1961 年 10 月 7 日　书写鲁迅诗句"万家墨面没蒿莱，敢有歌吟动地哀。心事浩茫连广宇，于无声处听惊雷。"赠送日本朋友。

1961 年 11 月 6 日　作《七绝二首·纪念鲁迅八十寿辰》。其一："博大胆识铁石坚，刀光剑影任翔旋。龙华喋血不眠夜，犹制小诗赋管弦。"其二："鉴湖越台名士乡，忧忡为国痛断肠。剑南歌接秋风吟，一例氤氲入诗囊。"

1961 年 11 月 17 日　作《七律·和郭沫若同志》（"一从大地起风雷"）。

1961 年 12 月　作《卜算子·咏梅》（"风雨送春归"）。

1961 年 12 月　抽阅南宋张元干的《芦川归来集》、张孝祥的《于湖集》、洪皓的诗文集。要求人民文学出版社影印宋版《楚辞集注》。

1961 年 12 月 26 日　写信给臧克家，说几次要求谈诗的来信都已收到，他也很想谈谈，但抽不出时间来，"而且我对于诗的问题，需要加以研究，才有发言权"。

1961 年 12 月　在中央政治局常委和各大区第一书记会上，毛泽东两次谈到《红楼梦》。当刘少奇说《红楼梦》讲到很细致的封建社会情况时，毛泽东说：《红楼梦》写的是很精细的社会历史。他还把《红楼梦》和《金瓶梅》加以比较，他说：《金瓶梅》是《红楼梦》的祖宗，没有《金瓶梅》就写不出《红楼梦》。但是，《金瓶梅》的作者，不尊重女性，《红楼梦》《聊斋志异》是尊重女性的。

1961 年　先后三次写信给田家英。晨六时信中说："请找宋人林逋（和靖）的诗文集给我为盼，如能在本日下午找到，则更好。"上午八时半信中说："有一首七言律诗，其中两句是：雪满山中高士卧，月明林下美人来，是咏梅的，请找出全诗八句给我，能于今日下午交来则最好。何时何人写的，记不起来，似是林逋的，但查林集没有，请你再查一下。"后又写信说："又记起来，是否清人高士奇的。前四句是：琼枝只合在瑶台，谁向江南到处栽。雪满山中高士卧，月明林下美人来。下四句忘了。请问一下文史馆老先生，便知。"

1961 年　作《七律·答友人》（"九嶷山上白云飞"）。

1962 年 1 月 30 日　在扩大的中央工作会议（即"七千人大会"）

上，毛泽东在谈到西方资本主义的发展从17世纪开始经过了好几百年的时候说："十七世纪是什么时代呢？ 那是中国的明朝末年和清朝初年。再过一个世纪，到十八世纪的上半期，就是清朝乾隆时代，《红楼梦》的作者曹雪芹就生活在那个时代，就是产生贾宝玉这种不满意封建制度的小说人物的时代。乾隆时代，中国已经有了一些资本主义生产关系的萌芽，但是还是封建社会。这就是出现大观园里那一群小说人物的社会背景。"

1962年4月27日　为《人民文学》手书"词六首"三字并作引言。引言说："这六首词，是一九二九年——一九三一年在马背上哼成的，通忘记了。《人民文学》编辑部的同志们搜集起来，寄给了我，要求发表。略加修改，因以付之。"这六首词是《清平乐·蒋桂战争》（"风云突变"）、《采桑子·重阳》（"人生易老天难老"）、《减字木兰花·广昌路上》（"漫天皆白"）、《蝶恋花·从汀州向长沙》（"六月天兵征腐恶"）、《渔家傲·反第一次大围剿》（"万木霜天红烂漫"）、《渔家傲·反第二次大围剿》（"白云山头云欲立"）。毛泽东还对共工头触不周山的故事作了解释。

1962年5月12日　《人民日报》转载《人民文学》发表的《毛主席的〈词六首〉》和郭沫若的《喜读毛主席的〈词六首〉》。

1962年5月　审阅修改郭沫若文章《喜读毛主席的〈词六首〉》。其中修改最大的是对《忆秦娥·娄山关》的解释，毛泽东将郭沫若文中的这部分全部删掉，再用郭沫若的口吻重写。这一段文字近600字。

1962年6月3日　致信邵华，指出，汉乐府《铙歌》十八曲之一的"《上邪》一篇，要多读"。

1962 年 8 月 11 日　在中央工作会议中心小组会议上的谈话中指出："有些小说如《官场现形记》等，是光写黑暗的，鲁迅称之为谴责小说。只揭露黑暗，人们不喜欢看，不如《红楼梦》、《西游记》使人爱看。《金瓶梅》没有传开，不只是因为它的淫秽，主要是它只暴露，只写黑暗，虽然写得不错，但人们不爱看。"

1962 年 12 月 26 日　作《七律·冬云》（"雪压冬云白絮飞"）。

1963 年 1 月 3 日　新版《史记》出版后，送《史记·项羽本纪》给各同志阅。

1963 年 1 月 9 日　作《满江红·和郭沫若同志》（"小小寰球"）。

1963 年 5 月 7 日　主持讨论《中共中央关于目前农村工作中若干问题的决定（草案）》稿，毛泽东谈到了贾府衰败的原因，他说:《红楼梦》第二回上，冷子兴讲贾府"安富尊荣者尽多，运筹谋画者无一"。说得有点太过，探春也当过家，不过她是代理。但是贾家也就是那么垮下来的。

1963 年 8 月 1 日　作《杂言诗·八连颂》（"好八连，天下传"）。

1963 年 11 月　对《戏剧报》和文化部接连进行了两次批评。他认为，一个时期，《戏剧报》尽宣传牛鬼蛇神。文化部不管文化，封建的、帝王将相的、才子佳人的东西很多，文化部不管。文化方面特别是戏剧大量是封建落后的东西，社会主义的东西很少，在舞台上无非是帝王将相、才子佳人。文化部是管文化的，应当注意这方面的问题，要好好检查一下，认真改正，不改变，就改名"帝王将相部"、"才子佳人部",或者"外国死人部"。

1963 年 11 月 29 日 晚上,在中南海怀仁堂观看南京部队前线话剧团演出的话剧《霓虹灯下的哨兵》。演出结束后,同剧本作者、话剧团团长和演员一一握手,并合影。

1963 年 12 月 5 日 审阅准备由人民文学出版社出版的《毛主席诗词》的清样,写信给田家英:"'钟山风雨'一诗,似可加入诗词集,请你在会上谈一下,酌定。'小小寰球'一词似可收入集中,亦请同志们一议。其余反修诗、词,除个别可收入外,都宜缓发。《八连颂》另印,在内部流传,不入集中。"六日晨,再次写信给田家英:"今天或明天开会讨论诗词问题,我现再有所删节改正,请康生同志主持,提出意见,交我酌定为盼!"

1963 年 12 月 12 日 阅中共中央宣传部文艺处十二月九日编印的《文艺情况汇报》刊载的《柯庆施同志抓曲艺工作》一文,批示:"彭真、刘仁同志:此件可一看,各种艺术形式——戏剧、曲艺、音乐、美术、舞蹈、电影、诗和文学等等,问题不少,人数很多,社会主义改造在许多部门中,至今收效甚微。许多部门至今还是'死人'统治着。不能低估电影、新诗、民歌、美术、小说的成绩,但其中的问题也不少。至于戏剧等部门,问题就更大了。社会经济基础已经改变了,为这个基础服务的上层建筑之一的艺术部门,至今还是大问题。这需要从调查研究着手,认真地抓起来。许多共产党人热心提倡封建主义和资本主义的艺术,却不热心提倡社会主义的艺术,岂非咄咄怪事。"

1963 年 12 月　作《七律·吊罗荣桓同志》（"记得当年草上飞"）。

1964 年 1 月 1 日　经作者修改审定的《毛主席诗词》，由人民文学出版社和文物出版社同时出版发行。书中收入毛泽东诗词 37 首，其中 10 首是第一次公开发表。这次出版时，作者又对以前发表过的 27 首诗作了个别字句的修订。

1964 年春　作《贺新郎·读史》（"人猿相揖别"）。

1964 年 5 月 15 日　在人民大会堂会见阿尔巴尼亚妇女代表团和电影工作者，毛泽东说，电影、戏剧、文学，不反映现代工农是不好的。我们社会还有许多意识形态未改造，现在正在做这个工作。我们的党是工人农民的党，政权是工农的政权，军队是工农的军队，作为上层建筑的一部分的意识形态，应当反映工农。旧的意识形态可顽固了。旧东西撵不走，不肯让位，死也不肯，就要用赶的办法。但也不能太粗暴，粗暴了，人不舒畅。要用细致的方法，战胜旧的，旧的还有其市场。主要的是我们要以新的东西代替它。你提倡的，是不会一下子实现的，你提倡你的，他实行他的。文艺为工农兵服务已经提了几十年了，可是我们的一些工作同志，嘴里赞成，实际反对。包括一些党员、党外人士，爱好那些死人，除了死人就是外国人，外国的也是死人，反映死人，不反映活人。在谈到资本主义、修正主义的影响时，毛泽东说：这种影响要逐步地加以抵制。

1964 年 6 月 27 日　阅中共中央宣传部五月八日关于全国文联和各协会整风情况给中央的报告草稿后，毛泽东批示说："这些协会和他们所掌握的刊物的大多数（据说有少数几个是好的），十五年来，基本上（不是一切人）不执行党的政策，做官当老爷，不去接近工农兵，不去反映社会主义的革命和建设。最近几年，竟然跌到了修正主义的边缘。如不认真改造，势必在将来的某一天，要变成像匈牙利裴多菲俱乐部那样的团体。"毛泽东批示后，文化部和全国文联及各协会再次进行整风。随后，即对一些文艺作品、学术观点和文艺界学术界的一些代表人物进行了错误的、过火的批判。

1964 年 7 月 17 日、23 日　毛泽东同党和国家其他领导人，先后观看了京剧现代戏《智取威虎山》和《芦荡火种》。

1964 年 8 月 10 日、12 日晚　先后观看了山东省京剧团演出的京剧现代戏《奇袭白虎团》和山东淄博、青岛市京剧团合演的京剧现代戏《红嫂》。

1964 年 8 月　在关于坂田文章的谈话中，毛泽东说到曹雪芹的创作动机问题。他说：曹雪芹写《红楼梦》还是想补天，想补封建制度的天，但是《红楼梦》里写的却是封建家族的衰落，可以说是曹雪芹的世界观和他的创作发生矛盾。曹雪芹的家是在雍正手里衰落的。

1964 年 8 月　与周培源、于光远谈哲学问题时，认为辛弃疾的《木兰花慢》（"可怜今夕月"）一词和晋张华《励志诗》中的"太仪斡运，天回地游"都包含着地圆的意思。

1964 年 8 月 18 日　在北戴河召集康生、陈伯达、吴江、关锋、龚育之、邵铁真谈哲学问题，毛泽东谈到了怎样读《红楼梦》，他说："《红楼梦》我至少读了五遍。我是把它当历史读的。开始当故事读，后来当历史读。什么人都不注意《红楼梦》的第四回，那是个总纲，还有《冷子兴演说荣国府》，《好了歌》和注。第四回'葫芦僧乱判葫芦案'，讲护官符，提到四大家族：'贾不假，白玉为堂金作马。阿房宫，三百里，住不下金陵一个史。东海缺少白玉床，龙王来请金陵王。丰年好大雪，珍珠如土金如铁。'《红楼梦》写四大家族，阶级斗争激烈，几十条人命。统治者二十几人（有人算了说是三十三人），其他都是奴隶，三百多个，鸳鸯、司棋、尤二姐、尤三姐等等，讲历史不拿阶级斗争观点讲，就讲不通。《红楼梦》写出来有二百多年了，研究红学的到现在还没有搞清楚，可见问题很难。有俞平伯、王昆仑，都是专家。何其芳也写了个序，又出了个吴世昌。这是新红学，老的不算。蔡元培对《红楼梦》的观点是不对的，胡适的看法比较对一点。"在谈话中，毛泽东还谈到了屈原、柳宗元、《诗经》等。他说："《天问》了不起，几千年以前，提出各种问题，关于宇宙，关于自然，关于历史。""柳子厚出入佛老，唯物主义。他的《天对》，从屈原的《天问》以来，几千年只有这一个人做了这篇。"还说：《诗经》"大部分是风诗，是老百姓的民歌"。还说："孔夫子也相当民主，男女恋爱的诗他也收。"

1964 年 9 月 27 日　阅中共中央办公厅秘书室九月十六日编印的《群众反映》一九六四年第七十九期摘登的中央音乐学院一名学生关于对中央音乐学院的意见的来信。毛泽东批示："古为今用，洋为中用。此信表示一派人的意见，可能有许多人不赞成。"

1964 年 10 月 8 日　观看了中央歌剧院芭蕾舞剧团演出的现代芭蕾舞剧《红色娘子军》。

1964 年 11 月 6 日　观看了中国京剧院演出的京剧现代戏《红灯记》。

1965 年 5 月　作词《念奴娇·井冈山》（"参天万木"）。

1965 年 6 月 20 日　在上海与复旦大学教授刘大杰谈古典文学。当时刘大杰正就蔡文姬的《胡笳十八拍》与郭沫若争鸣，又为中国文学史的现实主义问题与茅盾商榷。毛泽东幽默地说："你现在和沫若不睦，和茅盾矛盾。"他们谈到了李白、杜甫、韩愈、李商隐、杜牧、陶渊明等。

1965 年 7 月 18 日　阅中央美术学院教师闻立鹏、王式廓、李化吉关于美术院校使用模特问题给江青的信。指出，应当改变不让画裸体模特儿的做法。批示说："画男女老少裸体 Model 是绘画和雕塑必须的基本功，不要不行。封建思想，加以禁止，是不妥的。即使有些坏事出现，也不要紧。为了艺术学科，不惜小有牺牲。""中国画家，就我见过的，只有一个徐悲鸿留下了人体素描。其余如齐白石、陈半丁之流，没有一个能画人物的。徐悲鸿学过西洋画法，此外还有一个刘海粟。"同日，致信郭沫若，指出"笔墨官司，有比无好"。

1965 年 7 月 21 日　为改诗事致信陈毅。信中称赞陈毅的诗"大气磅礴"，同时也指出："只是在字面上（形式上）感觉于律诗稍有未合。""我对五言律，从来没有学习过，也没有发表过一首五言律。""我偶尔写过几首七律，没有一首是我自己满意的。""剑英善七律，董老善五律，你要学律诗，可向他们请教。"信中说："又诗要用形象思维，不能如散文那样直说，所以比、兴两法是不能不用的。"

他还以杜甫、韩愈为例说明这个道理。谈到韩愈时，他说："韩愈以文为诗；有些人说他完全不知诗，则未免太过。"谈到现代诗，他说："要作今诗，则要用形象思维方法，反映阶级斗争与生产斗争，古典绝不能要。但用白话写诗，几十年来，迄无成功。民歌中倒是有一些好的。将来趋势，很可能从民歌中吸引养料和形式，发展成为一套吸引广大读者的新体诗歌。"

1965年8月1日　请工作人员给他找唐人杜牧之全集。

1965年8月5日　致信康生，指出，章士钊所著《柳文指要》"颇有新义引人入胜之处"。

1965年8月10日　请工作人员为他找《韩昌黎全集》。

1965年9月25日　写信给邓颖超，应要求寄上两首新词：《水调歌头·重上井冈山》和《念奴娇·鸟儿问答》。

1965年12月21日　就马克思主义经典著作写序问题，同陈伯达、胡绳、田家英、艾思奇、关锋谈话。毛泽东说：《海瑞罢官》的"要害问题是'罢官'。嘉靖皇帝罢了海瑞的官，五九年我们罢了彭德怀的官，彭德怀也是'海瑞'"。这些话，加重了11月份以来批判吴晗《海瑞罢官》的分量。

1966年3月28日、29日　同康生谈话。毛泽东说：北京市委、中宣部包庇坏人，要解散。为什么批评吴晗不能联系罢官，不能联系庐山会议？告诉彭真，不要包庇坏人了，要向上海道歉。学术批判要走群众路线。当然不要像一九五八年那样否定一切，要发扬五八年精神，去掉五八年的缺点，要试点。

1966年3月30日 下午，同康生、赵毅敏、魏文伯、张春桥、江青等谈话。谈到学术批判问题时，毛泽东说：为什么吴晗写了那么多反动文章，中宣部都不要打招呼，而发表姚文元的文章却偏偏要跟中宣部打招呼呢？你是阎王殿，小鬼不上门。打倒阎王，解放小鬼！十中全会做过决议，要在全国搞阶级斗争，为什么学术界、历史界、文艺界可以不搞阶级斗争？孙悟空闹天宫，你是站在孙悟空一边，还是站在天兵天将、玉皇大帝一边？中央早已作过决议，要搞阶级斗争，写反修文章，培养秀才。只反国际的修，不反国内的修？我历来主张，中央不对时，地方攻中央。去年九月工作会议，专门讲了这个问题，如果中央出修正主义，地方要造反。什么叫学阀？学阀就是那些包庇反共知识分子的人。要支持小将，保护孙悟空。再不支持，就解散五人小组、中宣部、北京市委，不管哪个省市委。斗争要有策略，一个学校批评两三个人，他们就不能不讨论，不要太多。要区别对待。郭沫若、范文澜，我还是赞成保护。郭功大于过。谁也会犯错误。姚文元，放在市委，这个办法好。文化革命能不能搞到底，政治上能不能顶住？中央会不会出修正主义？没有解决。我们都老了，下一代能否顶住修正主义思潮，很难说。文化革命是长期艰巨的任务。我这一辈子完不成，必须进行到底。八月十三日，《人民日报》把这次谈话中的"打倒阎王，解放小鬼"作为"毛主席语录"发表。

七、"文化大革命"时期（1966 年 5 月—1976 年 9 月）

1966 年 5 月 16 日　毛泽东主持制定的中共中央通知（简称《五一六通知》）在中央政治局扩大会议上讨论通过。1966 年 8 月，党的八届十一中全会通过《中国共产党中央委员会关于无产阶级文化大革命的决定》，这两次会议标志"文化大革命"全面发动。

1966 年 7 月 1 日　《红旗》杂志第九期发表社论《信任群众，依靠群众》，引用了毛泽东的一段话："在无产阶级文化大革命中，必须组织、发展无产阶级左派队伍，并且依靠他们发动群众，团结群众，教育群众。"

1967 年 1 月 1 日　《人民日报》、《红旗》杂志发表元旦的社论《把无产阶级文化大革命进行到底》。

1967 年 8 月 4 日　阅中共中央宣传部原副部长张际春 7 月 27 日关于美术院校进行人体素描使用模特儿问题的来信，批示："画画是科学，就画人体这问题说，应走徐悲鸿素描的道路，而不应走齐白石的道路。"

1972 年 2 月 16 日　致电斯诺夫人，对斯诺去世表示沉痛的哀悼和亲切的慰问。唁电说："斯诺先生是中国人民的朋友。他一生为增进中美两国人民之间的相互了解和友谊进行了不懈的努力，作出了重要的贡献。他将永远活在中国人民心中。"

1972 年 9 月 27 日　将一套线装《楚辞集注》赠送给前来访问的日本首相田中角荣。

1974 年 11 月　在湖南观看湘剧电影《园丁之歌》后说：“我看是出好戏。”

1975 年 5 月 3 日　在中央政治局会议上的讲话中说：“教育界、科学界、文艺界、新闻界、医务界，知识分子成堆的地方，其中也有好的，有点马列的。老九不能走。”

1975 年 5 月 29 日　初见北京大学中文系讲师芦荻，问过姓名之后说：“会背刘禹锡的《西塞山怀古》这首诗吗？”然后自己铿锵有力地背诵起来。原来，芦荻的姓名正好镶嵌在这首诗的最后一句“故垒萧萧芦荻秋”里。芦荻在此后的一年多时间内，为患白内障的毛泽东读了许多诗文。

1975 年 7 月初　指出：“样板戏太少，而且稍微有点错误就挨批。百花齐放都没有了。别人不能提意见，不好。”

1975 年 7 月 14 日　同江青谈话。毛泽东指出：“党的文艺政策应该调整一下，一年、两年、三年，逐步逐步扩大文艺节目。缺少诗歌，缺少小说，缺少散文，缺少文艺评论。”

1975 年 7 月　在收到《创业》编剧张天民的来信之后，调看了影片，针对江青等批判《创业》的问题，25 日毛泽东作《关于电影〈创业〉的批示》：“此片无大错，建议通过发行。不要求全责备。而且罪名有十条之多，太过分了，不利调整党的文艺政策。”

1975 年　毛泽东过问了小说、戏剧、电影的创作，批准了关于研究和出版鲁迅著作的建议，批准出版《诗刊》《人民文学》等文艺、学术刊物。

1975 年 8 月 14 日　毛泽东在同芦荻谈话中对《水浒》作了评论："《水浒》这部书，好就好在投降。做反面教材，使人民都知道投降派。《水浒》只反贪官，不反皇帝。屏晁盖于一百零八人之外。宋江投降，搞修正主义，把晁的聚义厅改为忠义堂，让人招安了。"他说："鲁迅评《水浒》评得好"，"金圣叹把《水浒》砍掉了二十多回。砍掉了，不真实"。"《水浒》百回本，百二十回本和七十一回本，三种都要出。把鲁迅的那段评语印在前面。"江青、姚文元等利用毛泽东的评论，在报刊上掀起一场"评《水浒》运动"，影射攻击要求纠正"文化大革命"错误的周恩来、邓小平等中央领导人。

1975 年 10 月　批示为著名人民音乐家聂耳逝世 40 周年、冼星海逝世 30 周年举行纪念音乐会。

1976 年 1 月　毛泽东 1965 年写的《水调歌头·重上井冈山》和《念奴娇·鸟儿问答》，在复刊后的《诗刊》第 1 期 1976 年 1 月号上公开发表。1 月 1 日，《人民日报》、《红旗》杂志转载。

1976 年 2 月 12 日　复信复旦大学中文系教授刘大杰："我同意你对韩愈的意见，一分为二为宜。李义山无题诗现在难下断语，暂时存疑可也。奉复久羁，深以为歉，诗词两首，拜读欣然，不胜感谢。"

1976 年 9 月 9 日　毛泽东逝世。

后 记

40年前的1983年，我从北京师范大学中文系毕业后，分配到中共中央文献研究室工作，从中国文学专业走进党的文献研究领域。经过苦苦思考，我给自己找了一个专业切入点和突破口：研究毛泽东文艺思想。主观上有四年大学中文系学习的经历，客观上当时全国研究毛泽东文艺思想几乎是空白。这一年，是毛泽东90周年诞辰，当时单位编辑了《毛泽东诗词选》《毛泽东书信选集》《毛泽东新闻文选》。由于工作关系，我有幸能在这些书出版之前看到送审清样，可以说是一开始就有了一个好的学习研究机会。更难得的机遇是遇到了龚育之同志。他时任中共中央文献研究室副主任。1986年，在毛泽东逝世10周年之际，他牵头主编一本《毛泽东的读书生活》，约我合写了一篇关于毛泽东读《红楼梦》的文章，题为《红学"一家言"》。这个学习研究过程，使我茅塞顿开，真正入了毛泽东文艺思想研究的"门"。

这之后不久，我担任龚育之同志的联络员。1988年他调任中宣部副部长，我也随去担任秘书。虽然工作岗位变化了，但我一直没有放弃毛泽东文艺思想研究工作。1992年，是毛泽东《在延安文艺座谈会上的讲话》发表50周年，人民文学出版社约请他编辑《毛泽东论文艺（修订本）》。他把具体选稿、编辑、注释工作任务直接交给了我。这期间，我回中央文献研究室查遍了毛泽东文艺档案资料，有了系统研究毛泽东文艺思想的一个难得机会。该书出版后，我随即发表了一系列研究文章，产生了一定影响。有一天，《毛泽东论文艺（增订本）》责任编辑罗君策同志向我建议：明年是毛泽东100周年诞辰，可考虑趁热打铁在这一系列文章基础上扩展成一本专著，继续由人民文学出版社出版。于是，就成就了本书原著《毛泽东与中国文艺》编写出版。龚育之审看了全文，并为本书做了序。时任人民文学出版社副总编辑李曙光，老编辑罗君策、黄汶、李启伦同志给予了很大支持和帮助。他们几位除罗君策同志外当时已都是60岁以上的老人，帮助我这个30岁出头的年轻人完成了人生第一本专著！每每想起，我都非常感动。

《毛泽东与中国文艺》出版时，我33岁，已从中宣部到北京市西城区委宣传部挂职副部长。本想挂职期满一年后，继续沿着这个研究方向努力。谁知命运难料，我按组织安排留在西城区委宣传部，担任常务副部长、部长前后达7年；2000年调到市委宣传部，先是担任副部长，后又兼任北京市社科联党组书记，又是一个7年；2007年，又受命组建北京市委社会工委、北京市社会建设办公室，担任书记、主任长达11年；2018年，从北京市委调任北京师范大学国家高端智库中国教育与社会发展研究院、社会学院继续从事社会建设研究与教学工作，也已达 6 年多。就这样，离原专业渐行渐远，又一个 33 年很快到来了。虽然 30 年来在其他领域特别是在社会建设研究领域不断有新成果，但未能继续从事毛泽东文艺思想研究一直是一个"心结"。

2023 年是毛泽东 130 周年诞辰。年初，在与东方出版社王学彦同志谈另外一本书的编写时，我无意中谈到了当年《毛泽东与中国文艺》一书的编写。她当即表示希望由东方出版社再版。这使我喜出望外！我非常感谢王学彦和出版社的同志！

30 多年前，《毛泽东与中国文艺》还是国内少有的毛泽东文艺思想研究专著。30 多年后看此书，仍有一些感慨。当年我才 30 岁出头，初出茅庐，竟在不到一年的时间完成了本书的编写，而且今天依然可读、可资参考，仍有再版的价值。当然，由于时间匆忙、初学乍练，还有许多不足，特别是编辑方式简单，也有一些交叉重复的内容，不太简洁、易读。这次修订想有所改善，主要是调整结构、删减了一些文字，包括改了书名。希望有一个新的面貌。当然，书中仍会有许多不足，敬请批评指正。在原著编写中，中央文献研究室档案处、图书资料室、中宣部图书资料室、打字室的许多同志给予了帮助；在本次修订再版工作中，北京市社会建设促进会王瑞秘书长、罗旭博士等协助作了许多具体工作。在此一并表示感谢！

宋贵伦

2025 年 3 月 23 日于望京家中